MÉDITATIONS

POÉTIQUES.

Ab Jove principium.
VIRG.

SECONDE ÉDITION,
REVUE ET AUGMENTÉE.

A PARIS,

AU DÉPOT DE LA LIBRAIRIE
GRECQUE-LATINE-ALLEMANDE,
RUE DE SEINE, N° 12.

MDCCCXX.

ON TROUVE

À LA LIBRAIRIE GRECQUE-LATINE-ALLEMANDE.

La Bibliothèque des Dames chrétiennes, première livraison : le Combat spirituel, l'Imitation de Jésus-Christ.

Isaïe, traduction nouvelle.

Job.

Les Psaumes.

Les Petits Prophètes.

Les Livres sapientiaux.

Ézéchiel.

Ces ouvrages font partie de la traduction de la Bible entière dont M. Genoude s'occupe depuis plusieurs années, et dont les livraisons paroîtront de deux mois en deux mois, à compter du mois d'avril.

On souscrit pour la Bible de M. Genoude à la Librairie grecque-latine-allemande.

On trouve à la même Librairie un assortiment de Livres grecs, latins, allemands

MÉDITATIONS

POÉTIQUES.

DE L'IMPRIMERIE DE P. DIDOT L'AINÉ,

CHEVALIER DE L'ORDRE ROYAL DE SAINT-MICHEL,

IMPRIMEUR DU ROI.

MÉDITATIONS

POÉTIQUES

Par M. ALPHONSE DE LAMARTINE.

SECONDE ÉDITION,
REVUE ET AUGMENTÉE.

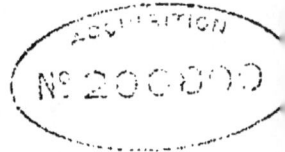

Ab Jove principium.
VIRG.

A PARIS,

AU DÉPOT DE LA LIBRAIRIE
GRECQUE-LATINE-ALLEMANDE,
RUE DE SEINE, Nᵒ 12.

M DCCC XX.

MÉDITATIONS

POÉTIQUES.

~~~~~~

MÉDITATION PREMIÈRE.

L'ISOLEMENT.

Souvent sur la montagne, à l'ombre du vieux chêne,
Au coucher du soleil, tristement je m'assieds;
Je promène au hasard mes regards sur la plaine,
Dont le tableau changeant se déroule à mes pieds.

Ici, gronde le fleuve aux vagues écumantes,
Il serpente, et s'enfonce en un lointain obscur;
Là, le lac immobile étend ses eaux dormantes
Où l'étoile du soir se lève dans l'azur.

Au sommet de ces monts couronnés de bois sombres,
Le crépuscule encor jette un dernier rayon,
Et le char vaporeux de la reine des ombres
Monte, et blanchit déja les bords de l'horizon.

Cependant, s'élançant de la flèche gothique,
Un son religieux se répand dans les airs,
Le voyageur s'arrête, et la cloche rustique
Aux derniers bruits du jour mêle de saints concerts.

Mais à ces doux tableaux mon ame indifférente
N'éprouve devant eux ni charme, ni transports,
Je contemple la terre, ainsi qu'une ombre errante :
Le soleil des vivants n'échauffe plus les morts.

De colline en colline en vain portant ma vue,
Du sud à l'aquilon, de l'aurore au couchant,
Je parcours tous les points de l'immense étendue,
Et je dis : Nulle part le bonheur ne m'attend.

Que me font ces vallons, ces palais, ces chaumières?
Vains objets dont pour moi le charme est envolé;
Fleuves, rochers, forêts, solitudes si chères,
Un seul être vous manque, et tout est dépeuplé.

Que le tour du soleil ou commence ou s'achéve,
D'un œil indifférent je le suis dans son cours;
En un ciel sombre ou pur qu'il se couche ou se léve,
Qu'importe le soleil? je n'attends rien des jours.

Quand je pourrois le suivre en sa vaste carrière,
Mes yeux verroient par-tout le vide et les déserts;
Je ne desire rien de tout ce qu'il éclaire,
Je ne demande rien à l'immense univers.

Mais peut-être au-delà des bornes de sa sphère,
Lieux où le vrai soleil éclaire d'autres cieux,
Si je pouvois laisser ma dépouille à la terre,
Ce que j'ai tant rêvé paroîtroit à mes yeux.

I.

Là, je m'enivrerois à la source où j'aspire,
Là, je retrouverois et l'espoir et l'amour,
Et ce bien idéal que toute ame desire
Et qui n'a pas de nom au terrestre séjour!

Que ne puis-je, porté sur le char de l'aurore,
Vague objet de mes vœux, m'élancer jusqu'à toi,
Sur la terre d'exil pourquoi resté-je encore?
Il n'est rien de commun entre la terre et moi.

Quand la feuille des bois tombe dans la prairie,
Le vent du soir se lève et l'arrache aux vallons;
Et moi, je suis semblable à la feuille flétrie:
Emportez-moi comme elle, orageux aquilons!

———

~~~~~~

MÉDITATION SECONDE.

L'HOMME.

A LORD BYRON.

Toi, dont le monde encore ignore le vrai nom,
Esprit mystérieux, mortel, ange, ou démon,
Qui que tu sois, Byron, bon ou fatal génie,
J'aime de tes concerts la sauvage harmonie,
Comme j'aime le bruit de la foudre et des vents
Se mêlant dans l'orage à la voix des torrents !
La nuit est ton séjour, l'horreur est ton domaine :
L'aigle, roi des déserts, dédaigne ainsi la plaine;
Il ne veut, comme toi, que des rocs escarpés
Que l'hiver a blanchis, que la foudre a frappés;
Des rivages couverts des débris du naufrage,
Ou des champs tout noircis des restes du carnage;

Et tandis que l'oiseau qui chante ses douleurs,

Bâtit au bord des eaux son nid parmi les fleurs,

Lui, des sommets d'Athos franchit l'horrible cime,

Suspend aux flancs des monts son aire sur l'abyme,

Et là, seul, entouré de membres palpitants,

De rochers d'un sang noir sans cesse dégouttants,

Trouvant sa volupté dans les cris de sa proie,

Bercé par la tempête, il s'endort dans sa joie.

Et toi, Byron, semblable à ce brigand des airs,

Les cris du désespoir sont tes plus doux concerts.

Le mal est ton spectacle, et l'homme est ta victime.

Ton œil, comme Satan, a mesuré l'abyme,

Et ton ame, y plongeant loin du jour et de Dieu,

A dit à l'espérance un éternel adieu!

Comme lui, maintenant, régnant dans les ténèbres,

Ton génie invincible éclate en chants funèbres;

Il triomphe, et ta voix, sur un mode infernal,

Chante l'hymne de gloire au sombre dieu du mal.

Mais que sert de lutter contre sa destinée?

Que peut contre le sort la raison mutinée?

Elle n'a comme l'œil qu'un étroit horizon.

Ne porte pas plus loin tes yeux ni ta raison :

Hors de là tout nous fuit, tout s'éteint, tout s'efface;

Dans ce cercle borné Dieu t'a marqué ta place,

Comment? pourquoi? qui sait? De ses puissantes mains

Il a laissé tomber le monde et les humains,

Comme il a dans nos champs répandu la poussière,

Ou semé dans les airs la nuit et la lumière;

Il le sait, il suffit : l'univers est à lui,

Et nous n'avons à nous que le jour d'aujourd'hui!

Notre crime est d'être homme et de vouloir connoître :

Ignorer et servir, c'est la loi de notre être.

Byron, ce mot est dur : long-temps j'en ai douté;

Mais pourquoi reculer devant la vérité?

Ton titre devant Dieu c'est d'être son ouvrage!

De sentir, d'adorer ton divin esclavage;

Dans l'ordre universel, foible atome emporté,

D'unir à ses desseins ta libre volonté,

D'avoir été conçu par son intelligence,

De le glorifier par ta seule existence!

Voilà, voilà ton sort. Ah! loin de l'accuser,

Baise plutôt le joug que tu voulois briser,

Descends du rang des dieux qu'usurpoit ton audace;

Tout est bien, tout est bon, tout est grand à sa place;

Aux regards de celui qui fit l'immensité,

L'insecte vaut un monde : ils ont autant coûté!

Mais cette loi, dis-tu, révolte ta justice;

Elle n'est à tes yeux qu'un bizarre caprice,

Un piége où la raison trébuche à chaque pas.

Confessons-la, Byron, et ne la jugeons pas!

Comme toi, ma raison en ténébres abonde,

Et ce n'est pas à moi de t'expliquer le monde.

Que celui qui l'a fait t'explique l'univers!

Plus je sonde l'abyme, hélas! plus je m'y perds.

Ici-bas, la douleur à la douleur s'enchaîne,

Le jour succéde au jour, et la peine à la peine.

Borné dans sa nature, infini dans ses vœux,

L'homme est un dieu tombé qui se souvient des cieux;

Soit que déshérité de son antique gloire,

De ses destins perdus il garde la mémoire;

Soit que de ses desirs l'immense profondeur

Lui présage de loin sa future grandeur;

Imparfait ou déchu, l'homme est le grand mystère.

Dans la prison des sens enchaîné sur la terre,

Esclave, il sent un cœur né pour la liberté;

Malheureux, il aspire à la félicité;

Il veut sonder le monde, et son œil est débile;

Il veut aimer toujours, ce qu'il aime est fragile!

Tout mortel est semblable à l'exilé d'Éden :

Lorsque Dieu l'eut banni du céleste jardin,

Mesurant d'un regard les fatales limites,

Il s'assit en pleurant aux portes interdites.

Il entendit de loin dans le divin séjour

L'harmonieux soupir de l'éternel amour,

Les accents du bonheur, les saints concerts des anges

Qui, dans le sein de Dieu, célébroient ses louanges,

Et, s'arrachant du ciel dans un pénible effort,

Son œil avec effroi retomba sur son sort.

Malheur à qui du fond de l'exil de la vie

Entendit ces concerts d'un monde qu'il envie!

Du nectar idéal sitôt qu'elle a goûté,

La nature répugne à la réalité :

Dans le sein du possible en songe elle s'élance;

Le réel est étroit, le possible est immense;

L'ame avec ses desirs s'y bâtit un séjour,

Où l'on puise à jamais la science et l'amour;

Où, dans des océans de beauté, de lumière,

L'homme, altéré toujours, toujours se désaltère;

Et de songes si beaux enivrant son sommeil,

Ne se reconnoît plus au moment du réveil.

Hélas! tel fut ton sort, telle est ma destinée.

J'ai vidé comme toi la coupe empoisonnée;

Mes yeux, comme les tiens, sans voir se sont ouverts;

J'ai cherché vainement le mot de l'univers.

J'ai demandé sa cause à toute la nature,

J'ai demandé sa fin à toute créature;

Dans l'abyme sans fond mon regard a plongé;

De l'atome au soleil, j'ai tout interrogé;

J'ai devancé les temps, j'ai remonté les àges.

Tantôt passant les mers pour écouter les sages;

Mais le monde à l'orgueil est un livre fermé!

Tantôt, pour deviner le monde inanimé,

Fuyant avec mon ame au sein de la nature,

J'ai cru trouver un sens à cette langue obscure.

J'étudiai la loi par qui roulent les cieux :

Dans leurs brillants déserts Newton guida mes yeux,

Des empires détruits je méditai la cendre :

Dans ses sacrés tombeaux Rome m'a vu descendre;

Des mânes les plus saints troublant le froid repos,

J'ai pesé dans mes mains la cendre des héros.

J'allois redemander à leur vaine poussière

Cette immortalité que tout mortel espère!

Que dis-je? suspendu sur le lit des mourants,

Mes regards la cherchoient dans des yeux expirants,

Sur ces sommets noircis par d'éternels nuages,

Sur ces flots sillonnés par d'éternels orages,

J'appelois, je bravois le choc des éléments.

Semblable à la sibylle en ses emportements,

J'ai cru que la nature en ces rares spectacles

Laissoit tomber pour nous quelqu'un de ses oracles;

J'aimois à m'enfoncer dans ces sombres horreurs.

Mais en vain dans son calme, en vain dans ses fureurs,

Cherchant ce grand secret sans pouvoir le surprendre,

J'ai vu par-tout un Dieu sans jamais le comprendre!

J'ai vu le bien, le mal, sans choix et sans dessein,

Tomber comme au hasard, échappés de son sein,

J'ai vu par-tout le mal où le mieux pouvoit être,

Et je l'ai blasphémé, ne pouvant le connoître;

Mais ma voix, se brisant contre ce ciel d'airain,

N'a pas même eu l'honneur d'irriter le destin.

Mais un jour que, plongé dans ma propre infortune,

J'avois lassé le ciel d'une plainte importune,

Une clarté d'en haut dans mon sein descendit,

Me tenta de bénir ce que j'avois maudit,

Et cédant sans combattre au souffle qui m'inspire,

L'hymne de la raison s'élança de ma lyre.

— « Gloire à toi, dans les temps et dans l'éternité !

« Éternelle raison, suprême volonté !

« Toi, dont l'immensité reconnoît la présence !

« Toi, dont chaque matin annonce l'existence !

« Ton souffle créateur s'est abaissé sur moi ;

« Celui qui n'étoit pas a paru devant toi !

« J'ai reconnu ta voix avant de me connoître,

« Je me suis élancé jusqu'aux portes de l'être :

« Me voici ! le néant te salue en naissant ;

« Me voici ! mais que suis-je ? un atome pensant !

« Qui peut entre nous deux mesurer la distance ?

« Moi, qui respire en toi ma rapide existence,

« À l'insu de moi-même, à ton gré façonné,

« Que me dois-tu, Seigneur, quand je ne suis pas né ?

« Rien avant, rien après : Gloire à la fin suprême :

« Qui tira tout de soi se doit tout à soi-même !

« Jouis, grand artisan, de l'œuvre de tes mains :

« Je suis pour accomplir tes ordres souverains,

« Dispose, ordonne, agis; dans les temps, dans l'espace,

« Marque-moi pour ta gloire et mon jour et ma place;

« Mon être, sans se plaindre, et sans t'interroger,

« De soi-même en silence accourra s'y ranger,

« Comme ces globes d'or qui dans les champs du vide

« Suivent avec amour ton ombre qui les guide,

« Noyé dans la lumière, ou perdu dans la nuit,

« Je marcherai comme eux où ton doigt me conduit;

« Soit que, choisi par toi pour éclairer les mondes,

« Réfléchissant sur eux les feux dont tu m'inondes,

« Je m'élance entouré d'esclaves radieux,

« Et franchisse d'un pas tout l'abyme des cieux;

« Soit que, me reléguant loin, bien loin de ta vue,

« Tu ne fasses de moi, créature inconnue,

« Qu'un atome oublié sur les bords du néant,

« Ou qu'un grain de poussière emporté par le vent,

« Glorieux de mon sort, puisqu'il est ton ouvrage,

« J'irai, j'irai par-tout te rendre un même hommage,

« Et d'un égal amour accomplissant ma loi,

« Jusqu'aux bords du néant murmurer: Gloire à toi!

— « Ni si haut, ni si bas! simple enfant de la terre,

« Mon sort est un problème, et ma fin un mystère ;

« Je ressemble, Seigneur, au globe de la nuit

« Qui, dans la route obscure où ton doigt le conduit,

« Réfléchit d'un côté les clartés éternelles,

« Et de l'autre est plongé dans les ombres mortelles.

« L'homme est le point fatal où les deux infinis

« Par la toute-puissance ont été réunis.

« À tout autre degré, moins malheureux, peut-être

« J'eusse été... mais je suis ce que je devois être,

« J'adore sans la voir ta suprême raison,

« Gloire à toi qui m'as fait ! Ce que tu fais est bon !

— « Cependant, accablé sous le poids de ma chaîne,

« Du néant au tombeau l'adversité m'entraîne ;

« Je marche dans la nuit par un chemin mauvais,

« Ignorant d'où je viens, incertain où je vais,

« Et je rappelle en vain ma jeunesse écoulée,

« Comme l'eau du torrent dans sa source troublée.

« Gloire à toi ! Le malheur en naissant m'a choisi ;

« Comme un jouet vivant, ta droite m'a saisi ;

« J'ai mangé dans les pleurs le pain de ma misère,

« Et tu m'as abreuvé des eaux de ta colère.

« Gloire à toi ! J'ai crié, tu n'as pas répondu ;

« J'ai jeté sur la terre un regard confondu.

« J'ai cherché dans le ciel le jour de ta justice ;

« Il s'est levé, Seigneur, et c'est pour mon supplice !

« Gloire à toi ! L'innocence est coupable à tes yeux :

« Un seul être, du moins, me restoit sous les cieux ;

« Toi-même de nos jours avois mêlé la trame,

« Sa vie étoit ma vie, et son ame mon ame ;

« Comme un fruit encor vert du rameau détaché,

« Je l'ai vu de mon sein avant l'âge arraché !

« Ce coup, que tu voulois me rendre plus terrible,

« La frappa lentement pour m'être plus sensible ;

« Dans ses traits expirants, où je lisois mon sort,

« J'ai vu lutter ensemble et l'amour et la mort ;

« J'ai vu dans ses regards la flamme de la vie,

« Sous la main du trépas par degrés assoupie,

« Se ranimer encore au souffle de l'amour !

« Je disois chaque jour : Soleil ! encore un jour !

« Semblable au criminel qui, plongé dans les ombres,

« Et descendu vivant dans les demeures sombres,

« Près du dernier flambeau qui doive l'éclairer,

« Se penche sur sa lampe et la voit expirer,

« Je voulois retenir l'ame qui s'évapore ;

« Dans son dernier regard je la cherchois encore !

« Ce soupir, ô mon Dieu! dans ton sein s'exhala;

« Hors du monde avec lui mon espoir s'envola!

« Pardonne au désespoir un moment de blasphème,

« J'osai... Je me repens : Gloire au maître suprême!

« Il fit l'eau pour couler, l'aquilon pour courir,

« Les soleils pour brûler, et l'homme pour souffrir!

— « Que j'ai bien accompli cette loi de mon être!

« La nature insensible obéit sans connoître;

« Moi seul, te découvrant sous la nécessité,

« J'immole avec amour ma propre volonté;

« Moi seul, je t'obéis avec intelligence;

« Moi seul, je me complais dans cette obéissance;

« Je jouis de remplir, en tout temps, en tout lieu,

« La loi de ma nature et l'ordre de mon Dieu;

« J'adore en mes destins ta sagesse suprême,

« J'aime ta volonté dans mes supplices même,

« Gloire à toi! Gloire à toi! Frappe, anéantis-moi!

« Tu n'entendras qu'un cri : Gloire à jamais à toi! »

Ainsi ma voix monta vers la voûte céleste :

Je rendis gloire au ciel, et le ciel fit le reste.

Fais silence, ô ma lyre! et toi, qui dans tes mains
Tiens le cœur palpitant des sensibles humains,
Byron, viens en tirer des torrents d'harmonie :
C'est pour la vérité que Dieu fit le génie.
Jette un cri vers le ciel, ô chantre des enfers!
Le ciel même aux damnés enviera tes concerts!
Peut-être qu'à ta voix, de la vivante flamme
Un rayon descendra dans l'ombre de ton ame?
Peut-être que ton cœur, ému de saints transports,
S'apaisera soi-même à tes propres accords,
Et qu'un éclair d'en haut perçant ta nuit profonde,
Tu verseras sur nous la clarté qui t'inonde?

Ah! si jamais ton luth, amolli par tes pleurs,
Soupiroit sous tes doigts l'hymne de tes douleurs,
Ou si du sein profond des ombres éternelles,
Comme un ange tombé tu secouois tes ailes,
Et prenant vers le jour un lumineux essor,
Parmi les chœurs sacrés tu t'asseyois encor;
Jamais, jamais l'écho de la céleste voûte,
Jamais ces harpes d'or que Dieu lui-même écoute,
Jamais des séraphins les chœurs mélodieux
De plus divins accords n'auroient ravi les cieux!

Courage! enfant déchu d'une race divine,

Tu portes sur ton front ta superbe origine!

Tout homme en te voyant reconnoît dans tes yeux

Un rayon éclipsé de la splendeur des cieux!

Roi des chants immortels, reconnois-toi toi-même!

Laisse aux fils de la nuit le doute et le blasphème;

Dédaigne un faux encens qu'on t'offre de si bas,

La gloire ne peut être où la vertu n'est pas.

Viens reprendre ton rang dans ta splendeur première,

Parmi ces purs enfants de gloire et de lumière,

Que d'un souffle choisi Dieu voulut animer,

Et qu'il fit pour chanter, pour croire et pour aimer!

~~~~~~

MÉDITATION TROISIÈME.

LE SOIR.

Le soir raméne le silence.
Assis sur ces rochers déserts,
Je suis dans le vague des airs
Le char de la nuit qui s'avance.

Vénus se léve à l'horizon ;
À mes pieds l'étoile amoureuse
De sa lueur mystérieuse
Blanchit les tapis de gazon.

De ce hêtre au feuillage sombre
J'entends frissonner les rameaux :
On diroit autour des tombeaux
Qu'on entend voltiger une ombre.

2.

Tout-à-coup, détaché des cieux
Un rayon de l'astre nocturne,
Glissant sur mon front taciturne,
Vient mollement toucher mes yeux.

Doux reflet d'un globe de flamme,
Charmant rayon, que me veux-tu?
Viens-tu dans mon sein abattu
Porter la lumière à mon ame?

Descends-tu pour me révéler
Des mondes le divin mystère?
Ces secrets cachés dans la sphère
Où le jour va te rappeler?

Une secréte intelligence
T'adresse-t-elle aux malheureux?
Viens-tu la nuit briller sur eux
Comme un rayon de l'espérance?

Viens-tu dévoiler l'avenir
Au cœur fatigué qui l'implore?
Rayon divin, es-tu l'aurore
Du jour qui ne doit pas finir?

Mon cœur à ta clarté s'enflamme,
Je sens des transports inconnus,
Je songe à ceux qui ne sont plus:
Douce lumière, es-tu leur ame?

Peut-être ces mânes heureux
Glissent ainsi sur le bocage?
Enveloppé de leur image,
Je crois me sentir plus près d'eux!

Ah! si c'est vous, ombres chéries!
Loin de la foule et loin du bruit,
Revenez ainsi chaque nuit
Vous mêler à mes rêveries.

Ramenez la paix et l'amour
Au sein de mon ame épuisée,
Comme la nocturne rosée
Qui tombe après les feux du jour.

Venez!... mais des vapeurs funèbres
Montent des bords de l'horizon;
Elles voilent le doux rayon,
Et tout rentre dans les ténèbres.

———

~~~~~~

MÉDITATION QUATRIÈME.

L'IMMORTALITÉ.

Le soleil de nos jours pâlit dès son aurore,
Sur nos fronts languissants à peine il jette encore
Quelques rayons tremblants qui combattent la nuit;
L'ombre croît, le jour meurt, tout s'efface et tout fuit!

Qu'un autre à cet aspect frissonne ou s'attendrisse,
Qu'il recule en tremblant des bords du précipice,
Qu'il ne puisse de loin entendre sans frémir
Le triste chant des morts tout prêt à retentir,
Les soupirs étouffés d'un amante ou d'un frère
Suspendus sur les bords de son lit funéraire,
Ou l'airain gémissant dont les sons éperdus
Annoncent aux mortels qu'un malheureux n'est plus!

Je te salue, ô mort! Libérateur céleste,

Tu ne m'apparois point sous cet aspect funeste

Que t'a prêté long-temps l'épouvante ou l'erreur;

Ton bras n'est point armé d'un glaive destructeur,

Ton front n'est point cruel, ton œil n'est point perfide,

Au secours des douleurs un Dieu clément te guide;

Tu n'anéantis pas, tu délivres! ta main,

Céleste messager, porte un flambeau divin;

Quand mon œil fatigué se ferme à la lumière,

Tu viens d'un jour plus pur inonder ma paupière;

Et l'espoir près de toi, rêvant sur un tombeau,

Appuyé sur la foi, m'ouvre un monde plus beau!

Viens donc, viens détacher mes chaînes corporelles.

Viens, ouvre ma prison; viens, prête-moi tes ailes;

Que tardes-tu? Parois; que je m'élance enfin

Vers cet être inconnu, mon principe et ma fin.

Qui m'en a détaché? qui suis-je, et que dois-je être?

Je meurs et ne sais pas ce que c'est que de naître.

Toi, qu'en vain j'interroge, esprit, hôte inconnu,

Avant de m'animer, quel ciel habitois-tu?

Quel pouvoir t'a jeté sur ce globe fragile?

Quelle main t'enferma dans ta prison d'argile?

Par quels nœuds étonnants, par quels secrets rapports,

Le corps tient-il à toi comme tu tiens au corps?

Quel jour séparera l'ame de la matière?

Pour quel nouveau palais quitteras-tu la terre?

As-tu tout oublié? Par-delà le tombeau,

Vas-tu renaître encor dans un oubli nouveau?

Vas-tu recommencer une semblable vie?

Ou dans le sein de Dieu, ta source et ta patrie,

Affranchi pour jamais de tes liens mortels,

Vas-tu jouir enfin de tes droits éternels?

Oui, tel est mon espoir, ô moitié de ma vie!

C'est par lui que déja mon ame raffermie

A pu voir sans effroi sur tes traits enchanteurs

Se faner du printemps les brillantes couleurs;

C'est par lui que percé du trait qui me déchire,

Jeune encore, en mourant vous me verrez sourire,

Et que des pleurs de joie à nos derniers adieux,

À ton dernier regard, brilleront dans mes yeux.

Vain espoir! s'écrîra le troupeau d'Épicure,

Et celui dont la main disséquant la nature,

Dans un coin du cerveau nouvellement décrit,

Voit penser la matière et végéter l'esprit;

Insensé! diront-ils, que trop d'orgueil abuse,

Regarde autour de toi : tout commence et tout s'use,

Tout marche vers un terme et tout naît pour mourir;

Dans ces prés jaunissants tu vois la fleur languir;

Tu vois dans ces forêts le cèdre au front superbe

Sous le poids de ses ans tomber, ramper sous l'herbe;

Dans leurs lits desséchés tu vois les mers tarir;

Les cieux même, les cieux commencent à pâlir;

Cet astre dont le temps a caché la naissance,

Le soleil, comme nous, marche à sa décadence,

Et dans les cieux déserts les mortels éperdus

Le chercheront un jour et ne le verront plus!

Tu vois autour de toi dans la nature entière

Les siècles entasser poussière sur poussière,

Et le temps, d'un seul pas confondant ton orgueil,

De tout ce qu'il produit devenir le cercueil.

Et l'homme, et l'homme seul, ô sublime folie!

Au fond de son tombeau croit retrouver la vie,

Et dans le tourbillon au néant emporté,

Abattu par le temps, rêve l'éternité!

Qu'un autre vous réponde, ô sages de la terre !

J'ai maudit votre erreur : j'aime, il faut que j'espère ;

Notre foible raison se trouble et se confond.

Oui, la raison se tait ; mais l'instinct vous répond.

Pour moi, quand je verrois dans les célestes plaines,

Les astres s'écartant de leurs routes certaines,

Dans les champs de l'éther l'un par l'autre heurtés,

Parcourir au hasard les cieux épouvantés ;

Quand j'entendrois gémir et se briser la terre ;

Quand je verrois son globe errant et solitaire

Flottant loin des soleils, pleurant l'homme détruit,

Se perdre dans les champs de l'éternelle nuit ;

Et quand, dernier témoin de ces scènes funèbres,

Entouré du chaos, de la mort, des ténèbres,

Seul je serois debout : seul, malgré mon effroi,

Être infaillible et bon, j'espérerois en toi,

Et certain du retour de l'éternelle aurore,

Sur les mondes détruits je t'attendrois encore !

Souvent, tu t'en souviens, dans cet heureux séjour

Où naquit d'un regard notre immortel amour,

Tantôt sur les sommets de ces rochers antiques,

Tantôt aux bords déserts des lacs mélancoliques ;

Sur l'aile du desir, loin du monde emportés,

Je plongeois avec toi dans ces obscurités.

Les ombres à longs plis descendant des montagnes,

Un moment à nos yeux déroboient les campagnes;

Mais bientôt s'avançant sans éclat et sans bruit,

Le chœur mystérieux des astres de la nuit,

Nous rendant les objets voilés à notre vue,

De ses molles lueurs revêtoit l'étendue;

Telle, en nos temples saints par le jour éclairés,

Quand les rayons du soir pâlissent par degrés,

La lampe, répandant sa pieuse lumière,

D'un jour plus recueilli remplit le sanctuaire.

Dans ton ivresse alors tu ramenois mes yeux,

Et des cieux à la terre, et de la terre aux cieux;

Dieu caché, disois-tu, la nature est ton temple!

L'esprit te voit par-tout quand notre œil la contemple;

De tes perfections, qu'il cherche à concevoir,

Ce monde est le reflet, l'image, le miroir;

Le jour est ton regard, la beauté ton sourire;

Par-tout le cœur t'adore et l'ame te respire;

Éternel, infini, tout-puissant et tout bon,

Ces vastes attributs n'achèvent pas ton nom;

Et l'esprit, accablé sous ta sublime essence,

Célébre ta grandeur jusque dans son silence.

Et cependant, ô Dieu! par sa sublime loi,

Cet esprit abattu s'élance encore à toi,

Et sentant que l'amour est la fin de son être,

Impatient d'aimer, brûle de te connoître.

Tu disois : et nos cœurs unissoient leurs soupirs

Vers cet être inconnu qu'attestoient nos desirs;

À genoux devant lui, l'aimant dans ses ouvrages,

Et l'aurore et le soir lui portoient nos hommages,

Et nos yeux enivrés contemploient tour-à-tour

La terre notre exil, et le ciel son séjour.

Ah! si dans ces instants où l'ame fugitive

S'élance et veut briser le sein qui la captive,

Ce Dieu, du haut du ciel répondant à nos vœux,

D'un trait libérateur nous eût frappés tous deux!

Nos ames, d'un seul bond remontant vers leur source,

Ensemble auroient franchi les mondes dans leur course,

À travers l'infini, sur l'aile de l'amour,

Elles auroient monté comme un rayon du jour,

Et jusqu'à Dieu lui-même arrivant éperdues,

Se seroient dans son sein pour jamais confondues!

Ces vœux nous trompoient-ils? Au néant destinés,

Est-ce pour le néant que les êtres sont nés?

Partageant le destin du corps qui la recéle,

Dans la nuit du tombeau l'ame s'engloutit-elle?

Tombe-t-elle en poussière? ou, prête à s'envoler

Comme un son qui n'est plus, va-t-elle s'exhaler?

Après un vain soupir, après l'adieu suprême

De tout ce qui t'aimoit, n'est-il plus rien qui t'aime?...

Ah! sur ce grand secret n'interroge que toi!

Vois mourir ce qui t'aime, Elvire, et réponds-moi!

MÉDITATION CINQUIÈME.

LE VALLON.

Mon cœur, lassé de tout, même de l'espérance,
N'ira plus de ses vœux importuner le sort ;
Prêtez-moi seulement, vallons de mon enfance,
Un asile d'un jour pour attendre la mort.

Voici l'étroit sentier de l'obscure vallée :
Du flanc de ces coteaux pendent des bois épais
Qui, courbant sur mon front leur ombre entremêlée,
Me couvrent tout entier de silence et de paix.

Là, deux ruisseaux cachés sous des ponts de verdure,
Tracent en serpentant les contours du vallon ;
Ils mêlent un moment leur onde et leur murmure,
Et non loin de leur source ils se perdent sans nom.

La source de mes jours comme eux s'est écoulée,
Elle a passé sans bruit, sans nom, et sans retour;
Mais leur onde est limpide, et mon ame troublée
N'aura pas réfléchi les clartés d'un beau jour.

La fraîcheur de leurs lits, l'ombre qui les couronne
M'enchaînent tout le jour sur les bords des ruisseaux;
Comme un enfant bercé par un chant monotone
Mon ame s'assoupit au murmure des eaux.

Ah! c'est là qu'entouré d'un rempart de verdure,
D'un horizon borné qui suffit à mes yeux,
J'aime à fixer mes pas, et, seul dans la nature,
À n'entendre que l'onde, à ne voir que les cieux.

J'ai trop vu, trop senti, trop aimé dans ma vie,
Je viens chercher vivant le calme du Léthé;
Beaux lieux, soyez pour moi ces bords où l'on oublie:
L'oubli seul désormais est ma félicité,

Mon cœur est en repos, mon ame est en silence !
Le bruit lointain du monde expire en arrivant,
Comme un son éloigné qu'affoiblit la distance,
A l'oreille incertaine apporté par le vent.

D'ici je vois la vie, à travers un nuage,
S'évanouir pour moi dans l'ombre du passé ;
L'amour seul est resté : comme une grande image
Survit seule au réveil dans un songe effacé.

Repose-toi, mon ame, en ce dernier asile,
Ainsi qu'un voyageur, qui, le cœur plein d'espoir,
S'assied avant d'entrer aux portes de la ville,
Et respire un moment l'air embaumé du soir.

Comme lui, de nos pieds secouons la poussière ;
L'homme par ce chemin ne repasse jamais ;
Comme lui, respirons au bout de la carrière
Ce calme avant-coureur de l'éternelle paix.

Tes jours, sombres et courts comme des jours d'automne,

Déclinent comme l'ombre au penchant des coteaux,

L'amitié te trahit, la pitié t'abandonne,

Et, seule, tu descends le sentier des tombeaux.

Mais la nature est là qui t'invite et qui t'aime;

Plonge-toi dans son sein qu'elle t'ouvre toujours;

Quand tout change pour toi, la nature est la même,

Et le même soleil se léve sur tes jours.

De lumière et d'ombrage elle t'entoure encore;

Détache ton amour des faux biens que tu perds;

Adore ici l'écho qu'adoroit Pythagore,

Prête avec lui l'oreille aux célestes concerts.

Suis le jour dans le ciel, suis l'ombre sur la terre,

Dans les plaines de l'air vole avec l'aquilon,

Avec les doux rayons de l'astre du mystère

Glisse à travers les bois dans l'ombre du vallon.

Dieu, pour le concevoir, a fait l'intelligence;

Sous la nature enfin découvre son auteur!

Une voix à l'esprit parle dans son silence;

Qui n'a pas entendu cette voix dans son cœur?

MÉDITATION SIXIÈME.

LE DÉSESPOIR.

Lorsque du Créateur la parole féconde,
Dans une heure fatale, eut enfanté le monde
    Des germes du chaos,
De son œuvre imparfaite il détourna sa face,
Et d'un pied dédaigneux le lançant dans l'espace,
    Rentra dans son repos.

Va, dit-il, je te livre à ta propre misère;
Trop indigne à mes yeux d'amour ou de colère,
    Tu n'es rien devant moi.
Roule au gré du hasard dans les déserts du vide;
Qu'à jamais loin de moi le destin soit ton guide,
    Et le Malheur ton roi.

Il dit : Comme un vautour qui plonge sur sa proie,
Le Malheur, à ces mots, pousse, en signe de joie,
    Un long gémissement ; .
Et pressant l'univers dans sa serre cruelle,
Embrasse pour jamais de sa rage éternelle
    L'éternel aliment.

Le mal dès-lors régna dans son immense empire ;
Dès-lors tout ce qui pense et tout ce qui respire
    Commença de souffrir ;
Et la terre, et le ciel, et l'ame, et la matière,
Tout gémit : et la voix de la nature entière
    Ne fut qu'un long soupir.

Levez donc vos regards vers les célestes plaines,
Cherchez Dieu dans son œuvre, invoquez dans vos peines
    Ce grand consolateur,
Malheureux ! sa bonté de son œuvre est absente,
Vous cherchez votre appui ? l'univers vous présente
    Votre persécuteur.

De quel nom te nommer, ô fatale puissance?
Qu'on t'appelle destin, nature, providence,
    Inconcevable loi!
Qu'on tremble sous ta main, ou bien qu'on la blasphème,
Soumis ou révolté, qu'on te craigne ou qu'on t'aime
    Toujours, c'est toujours toi!

Hélas! ainsi que vous j'invoquai l'espérance;
Mon esprit abusé but avec complaisance
    Son filtre empoisonneur;
C'est elle qui, poussant nos pas dans les abymes,
De festons et de fleurs couronne les victimes
    Qu'elle livre au Malheur.

Tel, quand des dieux de sang vouloient en sacrifices
Des troupeaux innocents les sanglantes prémices,
    Dans leurs temples cruels,
De cent taureaux choisis on formoit l'hécatombe,
Et l'agneau sans souillure, ou la blanche colombe
    Engraissoient leurs autels.

Créateur, Tout-Puissant, principe de tout être !
Toi pour qui le possible existe avant de naître !
          Roi de l'immensité,
Tu pouvois cependant, au gré de ton envie,
Puiser pour tes enfants le bonheur et la vie
          Dans ton éternité?

Sans t'épuiser jamais, sur toute la nature
Tu pouvois à longs flots répandre sans mesure
          Un bonheur absolu.
L'espace, le pouvoir, le temps, rien ne te coûte.
Ah ! ma raison frémit ; tu le pouvois sans doute,
          Tu ne l'as pas voulu.

Quel crime avons-nous fait pour mériter de naître?
L'insensible néant t'a-t-il demandé l'être,
          Ou l'a-t-il accepté?
Sommes-nous, ô hasard, l'œuvre de tes caprices?
Ou plutôt, Dieu cruel, falloit-il nos supplices
          Pour ta félicité?

Montez donc vers le ciel, montez, encens qu'il aime,

Soupirs, gémissements, larmes, sanglots, blasphème,

    Plaisirs, concerts divins!

Cris du sang, voix des morts, plaintes inextinguibles,

Montez, allez frapper les voûtes insensibles

    Du palais des destins!

Terre, éléve ta voix; cieux, répondez; abymes,

Noirs séjours où la mort entasse ses victimes,

    Ne formez qu'un soupir.

Qu'une plainte éternelle accuse la nature,

Et que la douleur donne à toute créature

    Une voix pour gémir.

Du jour où la nature, au néant arrachée,

S'échappa de tes mains comme une œuvre ébauchée,

    Qu'as-tu vu cependant?

Aux désordres du mal la matière asservie,

Toute chair gémissant, hélas! et toute vie

    Jalouse du néant.

Des éléments rivaux les luttes intestines,
Le temps qui ronge tout, assis sur les ruines
        Qu'entassèrent ses mains,
Attendant sur le seuil tes œuvres éphémères,
Et la mort étouffant dès le sein de leurs mères
        Les germes des humains.

La vertu succombant sous l'audace impunie,
L'imposture en honneur, la vérité bannie;
        L'errante liberté
Aux dieux vivants du monde offerte en sacrifice;
Et la force, par-tout, fondant de l'injustice
        Le règne illimité.

La valeur, sans les dieux, décidant des batailles!
Un Caton libre encor déchirant ses entrailles
        Sur la foi de Platon!
Un Brutus, qui, mourant pour la vertu qu'il aime,
Doute au dernier moment de cette vertu même,
        Et dit : Tu n'es qu'un nom !....

La fortune toujours du parti des grands crimes!
Les forfaits couronnés devenus légitimes!
> La gloire au prix du sang!
Les enfants héritant l'iniquité des pères!
Et le siécle qui meurt racontant ses misères
> Au siéclè renaissant!

Eh quoi! tant de tourments, de forfaits, de supplices,
N'ont-ils pas fait fumer d'assez de sacrifices
> Tes lugubres autels?
Ce soleil, vieux témoin des malheurs de la terre,
Ne fera-t-il pas naître un seul jour qui n'éclaire
> L'angoisse des mortels?

Héritiers des douleurs, victimes de la vie,
Non, non, n'espérez pas que sa rage assouvie
> Endorme le Malheur!
Jusqu'à ce que la mort, ouvrant son aile immense,
Engloutisse à jamais dans l'éternel silence
> L'éternelle douleur!

La Méditation suivante est la réponse de la Providence à l'Homme. Ces deux Méditations forment donc un tout. C'est le plan du poëme de Job.

~~~~~~

MÉDITATION SEPTIÈME.

LA PROVIDENCE A L'HOMME.

Quoi! le fils du néant a maudit l'existence!
Quoi! tu peux m'accuser de mes propres bienfaits!
Tu peux fermer tes yeux à la magnificence
    Des dons que je t'ai faits!

Tu n'étois pas encor, créature insensée,
Déja de ton bonheur j'enfantois le dessein,
Déja, comme son fruit, l'éternelle pensée
    Te portoit dans son sein.

Oui, ton être futur vivoit dans ma mémoire;
Je préparois les temps selon ma volonté.
Enfin ce jour parut; je dis : Nais pour ma gloire,
    Et ta félicité!

Tu naquis : ma tendresse, invisible et présente,

Ne livra pas mon œuvre aux chances du hasard;

J'échauffai de tes sens la séve languissante

    Des feux de mon regard.

D'un lait mystérieux je remplis la mamelle;

Tu t'enivras sans peine à ces sources d'amour.

J'affermis les ressorts, j'arrondis la prunelle

    Où se peignit le jour.

Ton ame, quélque temps par les sens éclipsée,

Comme tes yeux au jour, s'ouvrit à la raison :

Tu pensas; la parole acheva ta pensée,

    Et j'y gravai mon nom.

    En quel éclatant caractère

    Ce grand nom s'offrit à tes yeux!

    Tu vis ma bonté sur la terre,

    Tu lus ma grandeur dans les cieux!

    L'ordre étoit mon intelligence;

    La nature, ma providence;

    L'espace, mon immensité!

Et de mon être, ombre altérée,

Le temps te peignit ma durée,

Et le destin, ma volonté !

Tu m'adoras dans ma puissance,

Tu me bénis dans ton bonheur,

Et tu marchas en ma présence

Dans la simplicité du cœur;

Mais aujourd'hui que l'infortune

A couvert d'une ombre importune

Ces vives clartés du réveil,

Ta voix m'interroge et me blâme,

Le nuage couvre ton ame,

Et tu ne crois plus au soleil.

« Non, tu n'es plus qu'un grand problème

« Que le sort offre à la raison;

« Si ce monde étoit ton emblème,

« Ce monde seroit juste et bon. »

Arrête, orgueilleuse pensée;

A la loi que je t'ai tracée

Tu prétends comparer ma loi?

Connois leur différence auguste :

Tu n'as qu'un jour pour être juste,
J'ai l'éternité devant moi !

Quand les voiles de ma sagesse
A tes yeux seront abattus,
Ces maux, dont gémit ta foiblesse,
Seront transformés en vertus.
De ces obscurités cessantes
Tu verras sortir triomphantes
Ma justice et ta liberté ;
C'est la flamme qui purifie
Le creuset divin où la vie
Se change en immortalité !

Mais ton cœur endurci doute et murmure encore :
Ce jour ne suffit pas à tes yeux révoltés,
Et dans la nuit des sens tu voudrois voir éclore
De l'éternelle aurore
Les célestes clartés !

Attends ; ce demi-jour, mêlé d'une ombre obscure,
Suffit pour te guider en ce terrestre lieu :
Regarde qui je suis, et marche sans murmure,

Comme fait la nature

Sur la foi de son Dieu.

La terre ne sait pas la loi qui la féconde;

L'océan, refoulé sous mon bras tout-puissant,

Sait-il comment au gré du nocturne croissant

De sa prison profonde

La mer vomit son onde,

Et des bords qu'elle inonde

Recule en mugissant?

Ce soleil éclatant, ombre de ma lumière,

Sait-il où le conduit le signe de ma main?

S'est-il tracé soi-même un glorieux chemin?

Au bout de sa carrière,

Quand j'éteins sa lumière,

Promet-il à la terre

Le soleil de demain?

Cependant tout subsiste et marche en assurance.

Ma voix chaque matin réveille l'univers!

J'appelle le soleil du fond de ses déserts :

Franchissant la distance,
Il monte en ma présence,
Me répond, et s'élance
Sur le trône des airs!

Et toi, dont mon souffle est la vie;
Toi, sur qui mes yeux sont ouverts,
Peux-tu craindre que je t'oublie,
Homme, roi de cet univers?
Crois-tu que ma vertu sommeille?
Non, mon regard immense veille
Sur tous les mondes à-la-fois!
La mer qui fuit à ma parole,
Ou la poussière qui s'envole,
Suivent et comprennent mes lois.

Marche au flambeau de l'espérance
Jusque dans l'ombre du trépas,
Assuré que ma providence
Ne tend point de piége à tes pas.
Chaque aurore la justifie,
L'univers entier s'y confie,

Et l'homme seul en a douté!
.Mais ma vengeance paternelle
Confondra ce doute infidéle
Dans l'abyme de ma bonté.

———

MÉDITATION HUITIÈME.

SOUVENIR.

En vain le jour succède au jour,
Ils glissent sans laisser de trace; \
Dans mon ame rien ne t'efface,
O dernier songe de l'amour!

Je vois mes rapides années
S'accumuler derrière moi,
Comme le chêne autour de soi
Voit tomber ses feuilles fanées.

Mon front est blanchi par le temps;
Mon sang refroidi coule à peine,
Semblable à cette onde qu'enchaîne
Le souffle glacé des autans.

4.

Mais ta jeune et brillante image,
Que le regret vient embellir,
Dans mon sein ne sauroit vieillir :
Comme l'ame, elle n'a point d'âge.

Non, tu n'as pas quitté mes yeux ;
Et quand mon regard solitaire
Cessa de te voir sur la terre,
Soudain je te vis dans les cieux.

Là, tu m'apparois telle encore
Que tu fus à ce dernier jour,
Quand vers ton céleste séjour
Tu t'envolas avec l'aurore.

Ta pure et touchante beauté
Dans les cieux même t'a suivie ;
Tes yeux, où s'éteignoit la vie,
Rayonnent d'immortalité !

Du zéphyr l'amoureuse haleine
Souléve encor tes longs cheveux;
Sur ton sein leurs flots onduleux
Retombent en tresses d'ébéne.

L'ombre de ce voile incertain
Adoucit encor ton image,
Comme l'aube qui se dégage
Des derniers voiles du matin.

Du soleil la céleste flamme
Avec les jours revient et fuit;
Mais mon amour n'a pas de nuit,
Et tu luis toujours sur mon ame.

C'est toi que j'entends, que je vois:
Dans le désert, dans le nuage,
L'onde réfléchit ton image;
Le zéphyr m'apporte ta voix.

Tandis que la terre sommeille,
Si j'entends le vent soupirer,
Je crois t'entendre murmurer
Des mots sacrés à mon oreille.

Si j'admire ces feux épars
Qui des nuits parsèment le voile,
Je crois te voir dans chaque étoile
Qui plaît le plus à mes regards.

Et si le souffle du zéphire
M'enivre du parfum des fleurs,
Dans ses plus suaves odeurs
C'est ton souffle que je respire.

C'est ta main qui sèche mes pleurs,
Quand je vais, triste et solitaire,
Répandre en secret ma prière
Près des autels consolateurs.

Quand je dors, tu veilles dans l'ombre ;
Tes ailes reposent sur moi ;
Tous mes songes viennent de toi,
Doux comme le regard d'une ombre.

Pendant mon sommeil, si ta main
De mes jours délioit la trame,
Céleste moitié de mon ame,
J'irois m'éveiller dans ton sein !

Comme deux rayons de l'aurore,
Comme deux soupirs confondus,
Nos deux ames ne forment plus
Qu'une ame, et je soupire encore !

————

MÉDITATION NEUVIÈME.

L'ENTHOUSIASME.

Ainsi, quand l'aigle du tonnerre
Enlevoit Ganymède aux cieux,
L'enfant, s'attachant à la terre,
Luttoit contre l'oiseau des dieux ;
Mais entre ses serres rapides
L'aigle pressant ses flancs timides,
L'arrachoit aux champs paternels ;
Et, sourd à la voix qui l'implore,
Il le jetoit, tremblant encore,
Jusques aux pieds des immortels.

Ainsi quand tu fonds sur mon ame,
Enthousiasme, aigle vainqueur,
Au bruit de tes ailes de flamme

Je frémis d'une sainte horreur;
Je me débats sous ta puissance,
Je fuis, je crains que ta présence
N'anéantisse un cœur mortel,
Comme un feu que la foudre allume,
Qui ne s'éteint plus, et consume
Le bûcher, le temple, et l'autel.

Mais à l'essor de la pensée
L'instinct des sens s'oppose en vain;
Sous le dieu, mon ame oppressée
Bondit, s'élance, et bat mon sein.
La foudre en mes veines circule:
Étonné du feu qui me brûle,
Je l'irrite en le combattant,
Et la lave de mon génie
Déborde en torrents d'harmonie,
Et me consume en s'échappant.

Muse, contemple ta victime!
Ce n'est plus ce front inspiré,
Ce n'est plus ce regard sublime
Qui lançoit un rayon sacré:

Sous ta dévorante influence,

A peine un reste d'existence

A ma jeunesse est échappé.

Mon front, que la pâleur efface,

Ne conserve plus que la trace

De la foudre qui m'a frappé.

Heureux le poëte insensible!

Son luth n'est point baigné de pleurs,

Son enthousiasme paisible

N'a point ces tragiques fureurs.

De sa veine féconde et pure

Coulent, avec nombre et mesure,

Des ruisseaux de lait et de miel ;

Et ce pusillanime Icare,

Trahi par l'aile de Pindare,

Ne retombe jamais du ciel.

Mais nous, pour embraser les ames,

Il faut brûler, il faut ravir

Au ciel jaloux ses triples flammes.

Pour tout peindre, il faut tout sentir.

Foyers brûlants de la lumière,

Nos cœurs, de la nature entière,
Doivent concentrer les rayons ;
Et l'on accuse notre vie !
Mais ce flambeau qu'on nous envie
S'allume au feu des passions.

Non, jamais un sein pacifique
N'enfanta ces divins élans,
Ni ce désordre sympathique
Qui soumet le monde à nos chants.
Non, non, quand l'Apollon d'Homère,
Pour lancer ses traits sur la terre,
Descendoit des sommets d'Eryx,
Volant aux rives infernales,
Il trempoit ses armes fatales
Dans les eaux bouillantes du Styx.

Descendez de l'auguste cime
Qu'indignent de lâches transports !
Ce n'est que d'un luth magnanime
Que partent les divins accords.
Le cœur des enfants de la lyre
Ressemble au marbre qui soupire

Sur le sépulcre de Memnon ;
Pour lui donner la voix et l'ame,
Il faut que de sa chaste flamme
L'œil du jour lui lance un rayon.

Et tu veux qu'éveillant encore
Des feux sous la cendre couverts,
Mon reste d'ame s'évapore
En accents perdus dans les airs !
La gloire est le rêve d'une ombre ;
Elle a trop retranché le nombre
Des jours qu'elle devoit charmer.
Tu veux que je lui sacrifie
Ce dernier souffle de ma vie !
Je veux le garder pour aimer.

~~~~~~

MÉDITATION DIXIÈME.

LA RETRAITE.

A M. DE C***.

Aux bords de ton lac enchanté,
Loin des sots préjugés que l'erreur déifie,
Couvert du bouclier de ta philosophie,
Le temps n'emporte rien de ta félicité;
Ton matin fut brillant; et ma jeunesse envie
L'azur calme et serein du beau soir de ta vie!

Ce qu'on appelle nos beaux jours
N'est qu'un éclair brillant dans une nuit d'orage,
Et rien, excepté nos amours,
N'y mérite un regret du sage;

Mais, que dis-je? on aime à tout âge :
Ce feu durable et doux, dans l'ame renfermé,
Donne plus de chaleur en jetant moins de flamme;
C'est le souffle divin dont tout l'homme est formé,
  Il ne s'éteint qu'avec son ame.

Étendre son esprit, resserrer ses desirs,
C'est là ce grand secret ignoré du vulgaire :
Tu le connois, ami; cet heureux coin de terre
Renferme tes amours, tes goûts et tes plaisirs;
Tes vœux ne passent point ton champêtre domaine,
Mais ton esprit plus vaste étend son horizon,
    Et du monde embrassant la scène,
Le flambeau de l'étude éclaire ta raison.

Tu vois qu'aux bords du Tibre, et du Nil et du Gange,
En tous lieux, en tous temps, sous des masques divers,
L'homme par-tout est l'homme, et qu'en cet univers
Dans un ordre éternel tout passe, et rien ne change;
Tu vois les nations s'éclipser tour-à-tour
    Comme les astres dans l'espace,
    De mains en mains le sceptre passe,
Chaque peuple a son siècle, et chaque homme a son jour ;

Sujets à cette loi suprême,

Empire, gloire, liberté,

Tout est par le temps emporté,

Le temps emporta les dieux même

De la crédule antiquité.

Au milieu de ce grand nuage,

Réponds-moi : que fera le sage

Toujours entre le doute et l'erreur combattu ?

Content du peu de jours qu'il saisit au passage,

Il se hâte d'en faire usage

Pour le bonheur et la vertu.

J'ai vu ce sage heureux ; dans ses belles demeures

J'ai goûté l'hospitalité,

A l'ombre du jardin que ses mains ont planté,

Aux doux sons de sa lyre il endormoit les heures

En chantant sa félicité.

Soyez touché, grand Dieu, de sa reconnoissance.

Il ne vous lasse point d'un inutile vœu ;

Gardez-lui seulement sa rustique opulence,

Donnez tout à celui qui vous demande peu.

Des doux objets de sa tendresse,

Qu'à son riant foyer, toujours environné,

Sa femme et ses enfants couronnent sa vieillesse,

Comme de ses fruits mûrs un arbre est couronné.

Que sous l'or des épis ses collines jaunissent;

Qu'au pied de son rocher son lac soit toujours pur;

Que de ses beaux jasmins les ombres s'épaississent;

Que son soleil soit doux, que son ciel soit d'azur,

Et que pour l'étranger toujours ses vins mûrissent.

Pour moi, loin de ce port de la félicité,

Hélas! par la jeunesse et l'espoir emporté,

Je vais tenter encore et les flots et l'orage;

Mais ballotté par l'onde et fatigué du vent,

    Au pied de ton rocher sauvage

    Ami, je reviendrai souvent,

Rattacher, vers le soir, ma barque à ton rivage.

MÉDITATION ONZIÈME.

LE LAC.

Aɪɴsɪ, toujours poussés vers de nouveaux rivages,
Dans la nuit éternelle emportés sans retour,
Ne pourrons-nous jamais sur l'océan des âges
    Jeter l'ancre un seul jour?

O lac! l'année à peine a fini sa carrière ;
Et près des flots chéris qu'elle devoit revoir,
Regarde! je viens seul m'asseoir sur cette pierre
    Où tu la vis s'asseoir!

Tu mugissois ainsi sous ces roches profondes ;
Ainsi tu te brisois sur leurs flancs déchirés,
Ainsi le vent jetoit l'écume de tes ondes
    Sur ses pieds adorés.

Un soir, t'en souvient-il? nous voguions en silence;

On n'entendoit au loin, sur l'onde et sous les cieux,

Que le bruit des rameurs qui frappoient en cadence

Tes flots harmonieux.

Tout-à-coup des accents inconnus à la terre

Du rivage charmé frappèrent les échos:

Le flot fut attentif, et la voix qui m'est chère

Laissa tomber ces mots:

« O temps! suspends ton vol; et vous, heures propices

« Suspendez votre cours:

« Laissez-nous savourer les rapides délices

« Des plus beaux de nos jours!

« Assez de malheureux ici-bas vous implorent,

« Coulez, coulez pour eux;

« Prenez avec leurs jours les soins qui les dévorent,

« Oubliez les heureux.

« Mais je demande en vain quelques moments encore,

« Le temps m'échappe et fuit;

« Je dis à cette nuit : Sois plus lente ; et l'aurore

« Va dissiper la nuit.

« Aimons donc, aimons donc! de l'heure fugitive,

« Hâtons-nous, jouissons !

« L'homme n'a point de port, le temps n'a point de rive ;

« Il coule, et nous passons! »

Temps jaloux, se peut-il que ces moments d'ivresse,

Où l'amour à longs flots nous verse le bonheur,

S'envolent loin de nous de la même vitesse

Que les jours du malheur?

Eh quoi! n'en pourrons-nous fixer au moins la trace?

Quoi! passés pour jamais! quoi! tout entiers perdus!

Ce temps qui les donna, ce temps qui les efface,

Ne nous les rendra plus!

Éternité, néant, passé, sombres abymes,

Que faites-vous des jours que vous engloutissez?

Parlez : nous rendrez-vous ces extases sublimes

    Que vous nous ravissez?

O lac! rochers muets! grottes! forêt obscure!

Vous, que le temps épargne ou qu'il peut rajeunir,

Gardez de cette nuit, gardez, belle nature,

    Au moins le souvenir!

Qu'il soit dans ton repos, qu'il soit dans tes orages,

Beau lac, et dans l'aspect de tes riants coteaux,

Et dans ces noirs sapins, et dans ces rocs sauvages

    Qui pendent sur tes eaux.

Qu'il soit dans le zéphyr qui frémit et qui passe,

Dans les bruits de tes bords par tes bords répétés,

Dans l'astre au front d'argent qui blanchit ta surface

    De ses molles clartés.

Que le vent qui gémit, le roseau qui soupire,

Que les parfums légers de ton air embaumé,

Que tout ce qu'on entend, l'on voit ou l'on respire,

Tout dise : ils ont aimé !

MÉDITATION DOUZIÈME.

LA GLOIRE.

A UN POËTE EXILÉ.

GÉNÉREUX favoris des filles de mémoire,
Deux sentiers différents devant vous vont s'ouvrir :
L'un conduit au bonheur, l'autre mène à la gloire;
    Mortels, il faut choisir.

Ton sort, ô Manoel! suivit la loi commune;
La muse t'enivra de précoces faveurs;
Tes jours furent tissus de gloire et d'infortune,
    Et tu verses des pleurs!

Rougis plutôt, rougis d'envier au vulgaire
Le stérile repos dont son cœur est jaloux :
Les dieux ont fait pour lui tous les biens de la terre,
    Mais la lyre est à nous.

Les siècles sont à toi, le monde est ta patrie.

Quand nous ne sommes plus, notre ombre a des autels,

Où le juste avenir prépare à ton génie

Des honneurs immortels.

Ainsi l'aigle superbe au séjour du tonnerre

S'élance; et, soutenant son vol audacieux,

Semble dire aux mortels : Je suis né sur la terre,

Mais je vis dans les cieux.

Oui, la gloire t'attend; mais arrête, et contemple

À quel prix on pénètre en ces parvis sacrés;

Vois : l'infortune assise à la porte du temple

En garde les degrés.

Ici, c'est ce vieillard que l'ingrate Ionie

A vu de mers en mers promener ses malheurs :

Aveugle il mendioit au prix de son génie

Un pain mouillé de pleurs.

Là, le Tasse, brûlé d'une flamme fatale,

Expiant dans les fers sa gloire et son amour,

Quand il va recueillir la palme triomphale,

　　Descend au noir séjour.

Par-tout des malheureux, des proscrits, des victimes,

Luttant contre le sort ou contre les bourreaux;

On diroit que le ciel aux cœurs plus magnanimes

　　Mesure plus de maux.

Impose donc silence aux plaintes de ta lyre,

Des cœurs nés sans vertu l'infortune est l'écueil;

Mais toi, roi détrôné, que ton malheur t'inspire

　　Un généreux orgueil!

Que t'importe après tout que cet ordre barbare

T'enchaîne loin des bords qui furent ton berceau?

Que t'importe en quels lieux le destin te prépare

　　Un glorieux tombeau?

Ni l'exil, ni les fers de ces tyrans du Tage
N'enchaîneront ta gloire aux bords où tu mourras :
Lisbonne la réclame, et voilà l'héritage

    Que tu lui laisseras !

Ceux qui l'ont méconnu pleureront le grand homme ;
Athène à des proscrits ouvre son Panthéon ;
Coriolan expire, et les enfants de Rome

    Revendiquent son nom.

Aux rivages des morts avant que de descendre,
Ovide lève au ciel ses suppliantes mains :
Aux Sarmates grossiers il a légué sa cendre,

    Et sa gloire aux Romains.

MÉDITATION TREIZIÈME.

LA PRIÈRE.

A M. LE DUC DE ROHAN.

Le roi brillant du jour, se couchant dans sa gloire,
Descend avec lenteur de son char de victoire.
Le nuage éclatant qui le cache à nos yeux
Conserve en sillons d'or sa trace dans les cieux,
Et d'un reflet de pourpre inonde l'étendue.
Comme une lampe d'or, dans l'azur suspendue,
La lune se balance aux bords de l'horizon;
Ses rayons affoiblis dorment sur le gazon,
Et le voile des nuits sur les monts se déplie:
C'est l'heure où la nature, un moment recueillie,
Entre la nuit qui tombe et le jour qui s'enfuit,
S'élève au Créateur du jour et de la nuit.

Et semble offrir à Dieu, dans son brillant langage,
De la création le magnifique hommage.

Voilà le sacrifice immense, universel !
L'univers est le temple, et la terre est l'autel ;
Les cieux en sont le dôme ; et ces astres sans nombre,
Ces feux demi-voilés, pâle ornement de l'ombre,
Dans la voûte d'azur avec ordre semés,
Sont les sacrés flambeaux pour ce temple allumés.
Et ces nuages purs qu'un jour mourant colore,
Et qu'un souffle léger, du couchant à l'aurore,
Dans les plaines de l'air, repliant mollement,
Roule en flocons de pourpre aux bords du firmament,
Sont les flots de l'encens qui monte et s'évapore
Jusqu'au trône du Dieu que la nature adore.

Mais ce temple est sans voix. Où sont les saints concerts ?
D'où s'élévera l'hymne au roi de l'univers ?
Tout se tait : mon cœur seul parle dans ce silence.
La voix de l'univers, c'est mon intelligence.
Sur les rayons du soir, sur les ailes du vent,
Elle s'élève à Dieu comme un parfum vivant ;
Et, donnant un langage à toute créature,

Prête pour l'adorer mon ame à la nature.

Seul, invoquant ici son regard paternel,

Je remplis le désert du nom de l'Éternel;

Et celui qui, du sein de sa gloire infinie,

Des sphères qu'il ordonne écoute l'harmonie,

Écoute aussi la voix de mon humble raison,

Qui contemple sa gloire et murmure son nom.

Salut, principe et fin de toi-même et du monde,

Toi qui rends d'un regard l'immensité féconde;

Ame de l'univers, Dieu, père, créateur,

Sous tous ces noms divers je crois en toi, Seigneur;

Et, sans avoir besoin d'entendre ta parole,

Je lis au front des cieux mon glorieux symbole.

L'étendue à mes yeux révèle ta grandeur,

La terre ta bonté, les astres ta splendeur.

Tu t'es produit toi-même en ton brillant ouvrage;

L'univers tout entier réfléchit ton image,

Et mon ame à son tour réfléchit l'univers.

Ma pensée, embrassant tes attributs divers,

Par-tout autour de toi te découvre et t'adore,

Se contemple soi-même et t'y découvre encore:

Ainsi l'astre du jour éclate dans les cieux,

Se réfléchit dans l'onde et se peint à mes yeux.

C'est peu de croire en toi, bonté, beauté suprême;
Je te cherche par-tout, j'aspire à toi, je t'aime;
Mon ame est un rayon de lumière et d'amour
Qui, du foyer divin, détaché pour un jour,
De desirs dévorants loin de toi consumée,
Brûle de remonter à sa source enflammée.
Je respire, je sens, je pense, j'aime en toi.
Ce monde qui te cache est transparent pour moi;
C'est toi que je découvre au fond de la nature,
C'est toi que je bénis dans toute créature.
Pour m'approcher de toi j'ai fui dans ces déserts;
Là, quand l'aube, agitant son voile dans les airs,
Entr'ouvre l'horizon qu'un jour naissant colore,
Et séme sur les monts les perles de l'aurore,
Pour moi c'est ton regard qui, du divin séjour,
S'entr'ouvre sur le monde et lui répand le jour:
Quand l'astre à son midi, suspendant sa carrière,
M'inonde de chaleur, de vie, et de lumière,
Dans ses puissants rayons, qui raniment mes sens,
Seigneur, c'est ta vertu, ton souffle que je sens;
Et quand la nuit, guidant son cortége d'étoiles,

Sur le monde endormi jette ses sombres voiles,

Seul, au sein du désert, et de l'obscurité,

Méditant de la nuit la douce majesté,

Enveloppé de calme, et d'ombre, et de silence,

Mon âme, de plus près, adore ta présence ;

D'un jour intérieur je me sens éclairer,

Et j'entends une voix qui me dit d'espérer.

Oui, j'espère, Seigneur, en ta magnificence :

Par-tout, à pleines mains, prodiguant l'existence,

Tu n'auras pas borné le nombre de mes jours

A ces jours d'ici-bas, si troublés et si courts.

Je te vois en tous lieux conserver et produire ;

Celui qui peut créer dédaigne de détruire.

Témoin de ta puissance, et sûr de ta bonté,

J'attends le jour sans fin de l'immortalité.

La mort m'entoure en vain de ses ombres funèbres,

Ma raison voit le jour à travers ces ténèbres.

C'est le dernier degré qui m'approche de toi,

C'est le voile qui tombe entre ta face et moi.

Hâte pour moi, Seigneur, ce moment que j'implore ;

Ou, si dans tes secrets tu le retiens encore,

Entends du haut du ciel le cri de mes besoins ;

L'atome et l'univers sont l'objet de tes soins,

Des dons de ta bonté soutiens mon indigence,

Nourris mon corps de pain, mon ame d'espérance;

Réchauffe d'un regard de tes yeux tout-puissants

Mon esprit éclipsé par l'ombre de mes sens.;

Et, comme le soleil aspire la rosée,

Dans ton sein, à jamais, absorbe ma pensée.

MÉDITATION QUATORZIÈME.

INVOCATION.

O toi qui m'apparus dans ce désert du monde,
Habitante du ciel, passagère en ces lieux !
O toi qui fis briller dans cette nuit profonde
    Un rayon d'amour à mes yeux ;

A mes yeux étonnés montre-toi tout entière ;
Dis-moi quel est ton nom, ton pays, ton destin.
    Ton berceau fut-il sur la terre ?
    Ou n'es-tu qu'un souffle divin ?

Vas-tu revoir demain l'éternelle lumière ?
Ou dans ce lieu d'exil, de deuil, et de misère,
Dois-tu poursuivre encor ton pénible chemin ?

Ah! quel que soit ton nom, ton destin, ta patrie,
Ou fille de la terre, ou du divin séjour,
    Ah! laisse-moi, toute ma vie,
    T'offrir mon culte ou mon amour.

Si tu dois, comme nous, achever ta carrière,
Sois mon appui, mon guide, et souffre qu'en tous lieux,
De tes pas adorés je baise la poussière.
Mais si tu prends ton vol, et si, loin de nos yeux,
Sœur des anges, bientôt tu remontes près d'eux,
Après m'avoir aimé quelques jours sur la terre,
    Souviens-toi de moi dans les cieux.

MÉDITATION QUINZIÈME.

LA FOI.

O NÉANT ! ô seul Dieu que je puisse comprendre !
Silencieux abyme où je vais redescendre,
Pourquoi laissas-tu l'homme échapper de ta main ?
De quel sommeil profond je dormois dans ton sein !
Dans l'éternel oubli j'y dormirois encore ;
Mes yeux n'auroient pas vu ce faux jour que j'abhorre,
Et dans ta longue nuit, mon paisible sommeil
N'auroit jamais connu ni songes, ni réveil.

— Mais puisque je naquis, sans doute il falloit naître.
Si l'on m'eût consulté, j'aurois refusé l'être.
Vains regrets ! le destin me condamnoit au jour,
Et je vins, ô soleil ! te maudire à mon tour.

—Cependant, il est vrai, cette première aurore,

Ce réveil incertain d'un être qui s'ignore,

Cet espace infini s'ouvrant devant ses yeux,

Ce long regard de l'homme interrogeant les cieux,

Ce vague enchantement, ces torrents d'espérance,

Éblouissent les yeux au seuil de l'existence.

Salut, nouveau séjour où le temps m'a jeté!

Globe, témoin futur de ma félicité!

Salut, sacré flambeau qui nourris la nature!

Soleil, premier amour de toute créature!

Vastes cieux, qui cachez le Dieu qui vous a faits!

Terre, berceau de l'homme, admirable palais!

Homme, semblable à moi, mon compagnon, mon frère!

Toi, plus belle à mes yeux, à mon ame plus chère!

Salut, objets, témoins, instruments du bonheur!

Remplissez vos destins, je vous apporte un cœur....

—Que ce rêve est brillant! mais, hélas! c'est un rêve.

Il commençoit alors; maintenant il s'achève.

La douleur lentement m'entr'ouvre le tombeau:

Salut, mon dernier jour! sois mon jour le plus beau.

J'ai vécu; j'ai passé ce désert de la vie,

Où toujours sous mes pas chaque fleur s'est flétrie ;

Où toujours l'espérance, abusant ma raison,

Me montroit le bonheur dans un vague horizon ;

Où du vent de la mort les brûlantes haleines

Sous mes lèvres toujours tarissoient les fontaines.

Qu'un autre, s'exhalant en regrets superflus,

Redemande au passé ses jours qui ne sont plus,

Pleure de son printemps l'aurore évanouie,

Et consente à revivre une seconde vie :

Pour moi, quand le destin m'offriroit à mon choix

Le sceptre du génie, ou le trône des rois,

La gloire, la beauté, les trésors, la sagesse,

Et joindroit à ces dons l'éternelle jeunesse,

J'en jure par la mort ; dans un monde pareil,

Non, je ne voudrois pas rajeunir d'un soleil.

Je ne veux pas d'un monde où tout change, où tout passe ;

Où, jusqu'au souvenir, tout s'use et tout s'efface ;

Où tout est fugitif, périssable, incertain ;

Où le jour du bonheur n'a pas de lendemain.

— Combien de fois ainsi, trompé par l'existence,

De mon sein pour jamais j'ai banni l'espérance !

Combien de fois ainsi mon esprit abattu

A cru s'envelopper d'une froide vertu,

Et, rêvant de Zénon la trompeuse sagesse,

Sous un manteau stoïque a caché sa foiblesse!

Dans son indifférence, un jour enseveli,

Pour trouver le repos il invoquoit l'oubli.

Vain repos! faux sommeil! — Tel qu'au pied des collines

Où Rome sort du sein de ses propres ruines,

L'œil voit dans ce chaos, confusément épars,

D'antiques monuments, de modernes remparts,

Des théâtres croulants, dont les frontons superbes

Dorment dans la poussière ou rampent sous les herbes,

Les palais des héros par les ronces couverts,

Des dieux couchés au seuil de leurs temples déserts,

L'obélisque éternel ombrageant la chaumière,

La colonne portant une image étrangère,

L'herbe dans les forum, les fleurs dans les tombeaux,

Et ces vieux panthéons peuplés de dieux nouveaux;

Tandis que, s'élevant de distance en distance,

Un foible bruit de vie interrompt ce silence:

Telle est notre ame, après ces longs ébranlements;

Secouant la raison jusqu'en ses fondements,

Le malheur n'en fait plus qu'une immense ruine

Où comme un grand débris le désespoir domine!

De sentiments éteints silencieux chaos,

Éléments opposés, sans vie et sans repos,

Restes de passions par le temps effacées,

Combat désordonné de vœux et de pensées,

Souvenirs expirants, regrets, dégoûts, remords.

Si du moins ces débris nous attestoient sa mort!

Mais sous ce vaste deuil l'ame encore est vivante;

Ce feu sans aliment soi-même s'alimente;

Il renaît de sa cendre, et ce fatal flambeau

Craint de brûler encore au-delà du tombeau.

Ame! qui donc es-tu? flamme qui me dévore,

Dois-tu vivre après moi? dois-tu souffrir encore?

Hôte mystérieux, que vas-tu devenir?

Au grand flambeau du jour vas-tu te réunir?

Peut-être de ce feu tu n'es qu'une étincelle,

Qu'un rayon égaré, que cet astre rappelle.

Peut-être que, mourant lorsque l'homme est détruit,

Tu n'es qu'un suc plus pur que la terre a produit,

Une fange animée, une argile pensante...

Mais que vois-je? à ce mot, tu frémis d'épouvante;

Redoutant le néant, et lasse de souffrir,

Hélas! tu crains de vivre et trembles de mourir.

—Qui te révélera, redoutable mystère?

J'écoute en vain la voix des sages de la terre :

Le doute égare aussi ces sublimes esprits,

Et de la même argile ils ont été pétris.

Rassemblant les rayons de l'antique sagesse,

Socrate te cherchoit aux beaux jours de la Gréce ;

Platon à Sunium te cherchoit après lui ;

Deux mille ans sont passés, je te cherche aujourd'hui ;

Deux mille ans passeront, et les enfants des hommes

S'agiteront encor dans la nuit où nous sommes.

La vérité rebelle échappe à nos regards,

Et Dieu seul réunit tous ses rayons épars.

—Ainsi, prêt à fermer mes yeux à la lumière,

Nul espoir ne viendra consoler ma paupière :

Mon ame aura passé sans guide et sans flambeau

De la nuit d'ici-bas dans la nuit du tombeau,

Et j'emporte au hasard, au monde où je m'élance,

Ma vertu sans espoir, mes maux sans récompense.

Réponds-moi, Dieu cruel ! S'il est vrai que tu sois,

J'ai donc le droit fatal de maudire tes lois !

Après le poids du jour, du moins le mercenaire

Le soir s'assied à l'ombre, et reçoit son salaire :

Et moi, quand je fléchis sous le fardeau du sort,
Quand mon jour est fini, mon salaire est la mort.

. . . . ,

. . . . ; . . . . :

— Mais tandis qu'exhalant le doute et le blasphème,
Les yeux sur mon tombeau, je pleure sur moi-même,
La foi se réveillant, comme un doux souvenir,
Jette un rayon d'espoir sur mon pâle avenir,
Sous l'ombre de la mort me ranime et m'enflamme,
Et rend à mes vieux jours la jeunesse de l'ame.
Je remonte aux lueurs de ce flambeau divin,
Du couchant de ma vie à son riant matin ;
J'embrasse d'un regard la destinée humaine ;
A mes yeux satisfaits tout s'ordonne et s'enchaîne ;
Je lis dans l'avenir la raison du présent ;
L'espoir ferme après moi les portes du néant,
Et rouvrant l'horizon à mon ame ravie,
M'explique par la mort l'énigme de la vie.

Cette foi, qui m'attend au bord de mon tombeau,
Hélas ! il m'en souvient, plana sur mon berceau,
De la terre promise immortel héritage,

Les pères à leurs fils l'ont transmis d'âge en âge,

Notre esprit la reçoit à son premier réveil,

Comme les dons d'en haut, la vie et le soleil;

Comme le lait de l'ame, en ouvrant la paupière,

Elle a coulé pour nous, des lèvres d'une mère;

Elle a pénétré l'homme en sa tendre saison;

Son flambeau dans les cœurs précéda la raison.

L'enfant, en essayant sa première parole,

Balbutie au berceau son sublime symbole,

Et, sous l'œil maternel germant à son insu,

Il la sent dans son cœur croître avec la vertu.

Ah! si la vérité fut faite pour la terre,

Sans doute elle a reçu ce simple caractère;

Sans doute dès l'enfance offerte à nos regards,

Dans l'esprit par les sens entrant de toutes parts,

Comme les purs rayons de la céleste flamme

Elle a dû dès l'aurore environner notre ame,

De l'esprit par l'amour descendre dans les cœurs,

S'unir au souvenir, se fondre dans les mœurs;

Ainsi qu'un grain fécond que l'hiver couvre encore,

Dans notre sein long-temps germer avant d'éclore,

Et quand l'homme a passé son orageux été,
Donner son fruit divin pour l'immortalité.

Soleil mystérieux ! flambeau d'une autre sphère,

Prête à mes yeux mourants ta mystique lumière,

Pars du sein du Très-Haut, rayon consolateur.

Astre vivifiant, lève-toi dans mon cœur !

Hélas ! je n'ai que toi ; dans mes heures funèbres,

Ma raison qui pâlit m'abandonne aux ténèbres ;

Cette raison superbe, insuffisant flambeau,

S'éteint comme la vie aux portes du tombeau ;

Viens donc la remplacer, ô céleste lumière !

Viens d'un jour sans nuage inonder ma paupière ;

Tiens-moi lieu du soleil que je ne dois plus voir,

Et brille à l'horizon comme l'astre du soir.

MÉDITATION SEIZIÈME.

LE GÉNIE.

A M. DE BONALD.

Impavidum ferient ruinæ.

AINSI, quand parmi les tempêtes,
Au sommet brûlant du Sina,
Jadis le plus grand des prophètes
Gravoit les tables de Juda;
Pendant cet entretien sublime,
Un nuage couvroit la cime
Du mont inaccessible aux yeux,
Et, tremblant aux coups du tonnerre,
Juda, couché dans la poussière,
Vit ses lois descendre des cieux.

Ainsi des sophistes célébres
Dissipant les fausses clartés,
Tu tires du sein des ténébres
D'éblouissantes vérités.
Ce voile qui dès lois premières
Couvroit les augustes mystères,
Se déchire et tombe à ta voix;
Et tu suis ta route assurée,
Jusqu'à cette source sacrée
Où le monde a puisé ses lois.

Assis sur la base immuable
De l'éternelle vérité,
Tu vois d'un œil inaltérable
Les phases de l'humanité.
Secoués de leurs gonds antiques,
Les empires, les républiques
S'écroulent en débris épars;
Tu ris des terreurs où nous sommes :
Par-tout où nous voyons les hommes,
Un Dieu se montre à tes regards!

En vain par quelque faux système,

Un système faux est détruit ;
Par le désordre à l'ordre même,
L'univers moral est conduit.
Et comme autour d'un astre unique,
La terre, dans sa route oblique,
Décrit sa route dans les airs ;
Ainsi, par une loi plus belle,
Ainsi, la justice éternelle
Est le pivot de l'univers !

Mais quoi ! tandis que le génie
Te ravit si loin de nos yeux,
Les lâches clameurs de l'envie
Te suivent jusque dans les cieux ?
Crois-moi, dédaigne d'en descendre,
Ne t'abaisse pas pour entendre
Ces bourdonnements détracteurs.
Poursuis ta sublime carrière,
Poursuis ; le mépris du vulgaire
Est l'apanage des grands cœurs.

Objet de ses amours frivoles,
Ne l'as-tu pas vu tour-à-tour

Se forger de frêles idoles

Qu'il adore et brise en un jour ?

N'as-tu pas vu son inconstance,

De l'héréditaire croyance

Éteindre les sacrés flambeaux ?

Brûler ce qu'adoroient ses pères,

Et donner le nom de lumières

A l'épaisse nuit des tombeaux ?

Secouant ses antiques rênes,

Mais par d'autres tyrans flatté,

Tout meurtri du poids de ses chaînes,

L'entends-tu crier : *Liberté ?*

Dans ses sacriléges caprices,

Le vois-tu donnant à ses vices

Les noms de toutes les vertus ;

Traîner Socrate aux gémonies,

Pour faire, en des temples impies,

L'apothéose d'Anitus ?

Si pour caresser sa foiblesse,

Sous tes pinceaux adulateurs,

Tu parois du nom de sagesse

Les leçons de ses corrupteurs ;

Tu verrois ses mains avilies,

Arrachant des palmes flétries

De quelque front déshonoré,

Les répandre sur ton passage,

Et, changeant la gloire en outrage,

T'offrir un triomphe abhorré !

Mais loin d'abandonner la lice

Où ta jeunesse a combattu,

Tu sais que l'estime du vice

Est un outrage à la vertu !

Tu t'honores de tant de haine,

Tu plains ces foibles cœurs qu'entraîne

Le cours de leur siècle égaré ;

Et seul contre le flot rapide,

Tu marches d'un pas intrépide

Au but que la gloire a montré !

Tel un torrent, fils de l'orage,

En roulant du sommet des monts,

S'il rencontre sur son passage

Un chêne, l'orgueil des vallons ;

Il s'irrite, il écume, il gronde,
Il presse des plis de son onde
L'arbre vainement menacé;
Mais debout parmi les ruines,
Le chêne aux profondes racines
Demeure; et le fleuve a passé!

Toi donc, des mépris de ton âge
Sans être jamais rebuté;
Retrempe ton mâle courage
Dans les flots de l'adversité!
Pour cette lutte qui s'achéve,
Que la vérité soit ton glaive,
La justice ton bouclier.
Va! dédaigne d'autres armures,
Et si tu reçois des blessures,
Nous les couvrirons de laurier!

Vois-tu dans la carrière antique,
Autour des coursiers et des chars,
Jaillir la poussière olympique
Qui les dérobe à nos regards?
Dans sa course ainsi le génie,

Par les nuages de l'envie

Marche long-temps environné ;

Mais au terme de la carrière,

Des flots de l'indigne poussière

Il sort vainqueur et couronné !

MÉDITATION DIX-SEPTIÈME.

LE GOLFE DE BAYA, PRÈS DE NAPLES.

Vois-tu comme le flot paisible
Sur le rivage vient mourir !
Vois-tu le volage zéphyr
Rider, d'une haleine insensible,
L'onde qu'il aime à parcourir !
Montons sur la barque légère
Que ma main guide sans efforts,
Et de ce golfe solitaire
Rasons timidement les bords.

Loin de nous déja fuit la rive.
Tandis que d'une main craintive
Tu tiens le docile aviron,

Courbé sur la rame bruyante
Au sein de l'onde frémissante
Je trace un rapide sillon.

Dieu ! quelle fraîcheur on respire !
Plongé dans le sein de Thétis,
Le soleil a cédé l'empire
A la pâle reine des nuits.
Le sein des fleurs demi-fermées
S'ouvre, et de vapeurs embaumées
En ce moment remplit les airs ;
Et du soir la brise légère
Des plus doux parfums de la terre
A son tour embaume les mers.

Quels chants sur ces flots retentissent ?
Quels chants éclatent sur ces bords ?
De ces deux concerts qui s'unissent
L'écho prolonge les accords.
N'osant se fier aux étoiles,
Le pêcheur, repliant ses voiles,
Salue en chantant son séjour.
Tandis qu'une folle jeunesse

Pousse au ciel des cris d'alégresse,
Et fête son heureux retour.

Mais déja l'ombre plus épaisse
Tombe et brunit les vastes mers ;
Le bord s'efface, le bruit cesse,
Le silence occupe les airs.
C'est l'heure où la mélancolie
S'asseoit pensive et recueillie
Aux bords silencieux des mers,
Et, méditant sur les ruines,
Contemple au penchant des collines
Ce palais, ces temples déserts.

O de la liberté vieille et sainte patrie !
Terre autrefois féconde en sublimes vertus !
Sous d'indignes Césars maintenant asservie,
Ton empire est tombé ! tes héros ne sont plus !
    Mais dans ton sein l'ame agrandie
Croit sur leurs monuments respirer leur génie,
Comme on respire encor dans un temple aboli
La majesté du dieu dont il étoit rempli.
Mais n'interrogeons pas vos cendres généreuses,

Vieux Romains ! fiers Catons ! mânes des deux Brutus !

Allons redemander à ces murs abattus

Des souvenirs plus doux, des ombres plus heureuses.

Horace, dans ce frais séjour,

Dans une retraite embellie

Par les plaisirs et le génie,

Fuyoit les pompes de la cour ;

Properce y visitoit Cinthie,

Et sous les regards de Délie

Tibulle y moduloit les soupirs de l'amour.

Plus loin, voici l'asile où vint chanter le Tasse,

Quand, victime à-la-fois du génie et du sort,

Errant dans l'univers, sans refuge et sans port,

La pitié recueillit son illustre disgrace.

Non loin des mêmes bords, plus tard il vint mourir ;

La gloire l'appeloit, il arrive, il succombe :

La palme qui l'attend devant lui semble fuir,

Et son laurier tardif n'ombrage que sa tombe.

Colline de Baya ! poétique séjour !

Voluptueux vallon, qu'habita tour-à-tour

Tout ce qui fut grand dans le monde,

Tu ne retentis plus de gloire ni d'amour,
　　　Pas une voix qui me réponde,
　　　Que le bruit plaintif de cette onde,
Ou l'écho réveillé des débris d'alentour !

　　　Ainsi tout change, ainsi tout passe ;
　　　Ainsi nous-mêmes nous passons,
　　　Hélas ! sans laisser plus de trace
　　　Que cette barque où nous glissons
　　　Sur cette mer où tout s'efface.

~~~~~~

MÉDITATION DIX-HUITIÈME.

LE TEMPLE.

Qu'il est doux, quand du soir l'étoile solitaire,
Précédant de la nuit le char silencieux,
S'élève lentement dans la voûte des cieux,
Et que l'ombre et le jour se disputent la terre,
Qu'il est doux de porter ses pas religieux
Dans le fond du vallon, vers ce temple rustique
Dont la mousse a couvert le modeste portique,
Mais où le ciel encor parle à des cœurs pieux!

Salut, bois consacré! Salut, champ funéraire,
Des tombeaux du village humble dépositaire;
Je bénis en passant tes simples monuments.
Malheur à qui des morts profane la poussière!
J'ai fléchi le genou devant leur humble pierre,
Et la nef a reçu mes pas retentissants.

Quelle nuit! quel silence! au fond du sanctuaire
À peine on aperçoit la tremblante lumière
De la lampe qui brûle auprès des saints autels.
Seule elle luit encor, quand l'univers sommeille :
Emblème consolant de la bonté qui veille
Pour recueillir ici les soupirs des mortels.

Avançons. Aucun bruit n'a frappé mon oreille ;
Le parvis frémit seul sous mes pas mesurés ;
Du sanctuaire enfin j'ai franchi les degrés.
Murs sacrés! saints autels! je suis seul, et mon ame
Peut verser devant vous ses douleurs et sa flamme,
Et confier au ciel des accents ignorés,
Que lui seul connoîtra, que vous seuls entendrez.

Mais quoi! de ces autels j'ose approcher sans crainte!
J'ose apporter, grand Dieu! dans cette auguste enceinte
Un cœur encor brûlant de douleur et d'amour!
Et je ne tremble pas que ta majesté sainte
Ne venge le respect qu'on doit à son séjour!
Non : je ne rougis plus du feu qui me consume :
L'amour est innocent quand la vertu l'allume.
Aussi pur que l'objet à qui je l'ai juré,

Le mien brûle mon cœur, mais c'est d'un feu sacré ;

La constance l'honore et le malheur l'épure.

Je l'ai dit à la terre, à toute la nature ;

Devant tes saints autels je l'ai dit sans effroi :

J'oserois, Dieu puissant, la nommer devant toi.

Oui, malgré la terreur que ton temple m'inspire,

Ma bouche a murmuré tout bas le nom d'Elvire ;

Et ce nom, répété de tombeaux en tombeaux,

Comme l'accent plaintif d'une ombre qui soupire,

De l'enceinte funèbre a troublé le repos.

Adieu, froids monuments ! adieu, saintes demeures !

Deux fois l'écho nocturne a répété les heures

Depuis que devant vous mes larmes ont coulé :

Le ciel a vu ces pleurs, et je sors consolé.

Peut-être au même instant, sur un autre rivage,

Elvire veille ainsi, seule avec mon image,

Et dans un temple obscur, les yeux baignés de pleurs,

Vient aux autels déserts confier ses douleurs.

MÉDITATION DIX-NEUVIÈME.

CHANTS LYRIQUES DE SAÜL.

IMITATION DES PSAUMES DE DAVID.

Je répandrai mon ame au seuil du sanctuaire,
Seigneur, dans ton nom seul je mettrai mon espoir;
Mes cris t'éveilleront, et mon humble prière
S'élévera vers toi, comme l'encens du soir!

Dans quel abaissement ma gloire s'est perdue!
J'erre sur la montagne ainsi qu'un passereau;
Et par tant de rigueurs mon ame confondue,
Mon ame est devant toi, comme un désert sans eau.

Pour mes fiers ennemis ce deuil est une fête.
Ils se montrent, Seigneur, ton Christ humilié!
Le voilà, disent-ils : ses dieux l'ont oublié;
Et Moloch en passant a secoué la tête
    Et souri de pitié.

. . . .

. . . . , ...

. . . .

. . . .

Seigneur, tendez votre arc; levez-vous, jugez-moi !

Remplissez mon carquois de vos fléches brûlantes.

Que des hauteurs du ciel vos foudres dévorantes

Portent sur eux la mort qu'ils appeloient sur moi !

Dieu se léve, il s'élance, il abaisse la voûte

De ces cieux éternels ébranlés sous ses pas ;

Le soleil et la foudre ont éclairé sa route ;

Ses anges devant lui font voler le trépas.

Le feu de son courroux fait monter la fumée,

Son éclat a fendu les nuages des cieux ;

    La terre est consumée

    D'un regard de ses yeux.

    Il parle ; sa voix foudroyante

    A fait chanceler d'épouvante

Les cédres du Liban, les rochers des déserts ;

Le Jourdain montre à nu sa source reculée ;
    De la terre ébranlée
    Les os sont découverts.

Le Seigneur m'a livré la race criminelle
    Des superbes enfants d'Ammon.
Levez-vous, ô Saül! et que l'ombre éternelle
    Engloutisse jusqu'à leur nom!

. . . .
. . . .
. . . .
. . . . / . . . . , ...

Que vois-je? vous tremblez, orgueilleux oppresseurs!
    Le héros prend sa lance,
    Il l'agite, il s'élance;
    À sa seule présence,
La terreur de ses yeux a passé dans vos cœurs!

Fuyez!... il est trop tard! sa redoutable épée
Décrit autour de vous un cercle menaçant,
En tout lieu vous poursuit, en tout lieu vous attend;

Et déja mille fois dans votre sang trempée,
S'enivre encor de votre sang.

Son coursier superbe
Foule comme l'herbe
Les corps des mourants ;
Le héros l'excite
Et le précipite
À travers les rangs ;
Les feux l'environnent,
Les casques résonnent
Sous ses pieds sanglants ;
Devant sa carrière
Cette foule altière
Tombe tout entière
Sous ses traits brûlants,
Comme la poussière
Qu'emportent les vents.

Où sont ces fiers Ismaélites,
Ces enfants de Moab, cette race d'Édom ?
Iduméens, guerriers d'Ammon ;

Et vous, superbes fils de Tyr et de Sidon,

Et vous, cruels Amalécites?

Les voilà devant moi comme un fleuve tari,

Et leur mémoire même avec eux a péri!

. . . .

. . . .

. . . .

. . . .

Que de biens le Seigneur m'apprête!

Qu'il couronne d'honneurs la vieillesse du roi!

Éphraïm, Manassé, Galaad, sont à moi;

Jacob, mon bouclier, est l'appui de ma tête.

Que de biens le Seigneur m'apprête!

Qu'il couronne d'honneurs la vieillesse du roi!

Des bords où l'aurore se lève

Aux bords où le soleil achève

Son cours tracé par l'Éternel,

L'opulente Saba, la fertile Éthiopie,

La riche mer de Tyr, les déserts d'Arabie,
    Adorent le roi d'Israël.

Peuples, frappez des mains, le roi des rois s'avance,
Il monte, il s'est assis sur son trône éclatant;
Il pose de Sion l'éternel fondement;
La montagne frémit de joie et d'espérance.
Peuples, frappez des mains, le roi des rois s'avance,
Il pose de Sion l'éternel fondement.

    De sa main pleine de justice,
Il verse aux nations l'abondance et la paix.
Réjouis-toi, Sion, sous ton ombre propice,
Ainsi que le palmier qui parfume Cadès,
La paix et l'équité fleurissent à jamais.
    De sa main pleine de justice,
Il verse aux nations l'abondance et la paix.

Dieu chérit de Sion les sacrés tabernacles
    Plus que les tentes d'Israël;
Il y fait sa demeure, il y rend ses oracles,
Il y fait éclater sa gloire et ses miracles;
Sion, ainsi que lui ton nom est immortel.

Dieu chérit de Sion les sacrés tabernacles
     Plus que les tentes d'Israël.

     C'est là qu'un jour vaut mieux que mille;
C'est là qu'environné de la troupe docile
De ses nombreux enfants, sa gloire et son appui,
Le roi vieillit, semblable à l'olivier fertile,
Qui voit ses rejetons fleurir autour de lui.

MÉDITATION VINGTIÈME.

HYMNE AU SOLEIL.

Vous avez pris pitié de sa longue douleur!
Vous me rendez le jour, Dieu que l'amour implore!
Déja mon front couvert d'une molle pâleur,
Des teintes de la vie à ses yeux se colore;
Déja dans tout mon être une douce chaleur
Circule avec mon sang, remonte dans mon cœur:
    Je renais pour aimer encore!

Mais la nature aussi se réveille en ce jour!
Au doux soleil de mai nous la voyons renaître;
Les oiseaux de Vénus autour de ma fenêtre
Du plus chéri des mois proclament le retour!
Guidez mes premiers pas dans nos vertes campagnes!
Conduis-moi, chère Elvire, et soutiens ton amant:
Je veux voir le soleil s'élever lentement;
Précipiter son char du haut de nos montagnes,

8

Jusqu'à l'heure où dans l'onde il ira s'engloutir,

Et cédera les airs au nocturne zéphyr!

Viens! Que crains-tu pour moi? Le ciel est sans nuage!

Ce plus beau de nos jours passera sans orage;

Et c'est l'heure où déja sur les gazons en fleurs

Dorment près des troupeaux les paisibles pasteurs!

Dieu! que les airs sont doux! Que la lumière est pure!

Tu règnes en vainqueur sur toute la nature,

O soleil! et des cieux, où ton char est porté,

Tu lui verses la vie et la fécondité!

Le jour où, séparant la nuit de la lumière,

L'Éternel te lança dans ta vaste carrière,

L'univers tout entier te reconnut pour roi;

Et l'homme, en t'adorant, s'inclina devant toi!

De ce jour, poursuivant ta carrière enflammée,

Tu décris sans repos ta route accoutumée;

L'éclat de tes rayons ne s'est point affoibli,

Et sous la main des temps ton front n'a point pâli!

Quand la voix du matin vient réveiller l'aurore,

L'Indien, prosterné, te bénit et t'adore!

Et moi, quand le midi de ses feux bienfaisants

Ranime par degrés mes membres languissants,

Il me semble qu'un Dieu, dans tes rayons de flamme,

En échauffant mon sein, pénètre dans mon ame!

Et je sens de ses fers mon esprit détaché,

Comme si du Très-Haut le bras m'avoit touché!

Mais ton sublime auteur défend-il de le croire?

N'es-tu point, ô soleil! un rayon de sa gloire?

Quand tu vas mesurant l'immensité des cieux,

O soleil! n'es-tu point un regard de ses yeux?

Ah! si j'ai quelquefois, aux jours de l'infortune,

Blasphémé du soleil la lumière importune;

Si j'ai maudit les dons que j'ai reçus de toi,

Dieu, qui lis dans les cœurs, ô Dieu! pardonne-moi!

Je n'avois pas goûté la volupté suprême

De revoir la nature auprès de ce que j'aime,

De sentir dans mon cœur, aux rayons d'un beau jour,

Redescendre à-la-fois et la vie et l'amour!

Insensé! j'ignorois tout le prix de la vie!

Mais ce jour me l'apprend et je te glorifie!

~~~~~~

MÉDITATION VINGT ET UNIÈME.

ADIEU.

Oui, j'ai quitté ce port tranquille,
Ce port si long-temps appelé,
Où loin des ennuis de la ville,
Dans un loisir doux et facile,
Sans bruit mes jours auroient coulé.
J'ai quitté l'obscure vallée,
Le toit champêtre d'un ami;
Loin des bocages de Bissy,
Ma muse, à regret exilée,
S'éloigne triste et désolée
Du séjour qu'elle avoit choisi.
Nous n'irons plus dans les prairies,
Au premier rayon du matin,
Égarer, d'un pas incertain,

Nos poétiques rêveries.

Nous ne verrons plus le soleil

Du haut des cimes d'Italie

Précipitant son char vermeil,

Semblable au père de la vie,

Rendre à la nature assoupie

Le premier éclat du réveil.

Nous ne goûterons plus votre ombre,

Vieux pins, l'honneur de ces forêts,

Vous n'entendrez plus nos secrets;

Sous cette grotte humide et sombre

Nous ne chercherons plus le frais,

Et le soir au temple rustique,

Quand la cloche mélancolique

Appellera tout le hameau,

Nous n'irons plus à la prière

Nous courber sur la simple pierre

Qui couvre un rustique tombeau.

Adieu, vallons; adieu, bocages;

Lac azuré, rochers sauvages,

Bois touffus, tranquille séjour,

Séjour des heureux et des sages,

Je vous ai quittés sans retour.

Déja ma barque fugitive

Au souffle des zéphyrs trompeurs

S'éloigne à regret de la rive

Que m'offroient des dieux protecteurs.

J'affronte de nouveaux orages;

Sans doute à de nouveaux naufrages

Mon frêle esquif est dévoué;

Et pourtant à la fleur de l'âge,

Sur quels écueils, sur quels rivages

N'ai-je déja pas échoué?

Mais d'une plainte téméraire

Pourquoi fatiguer le destin?

À peine au milieu du chemin,

Faut-il regarder en arrière?

Mes lèvres à peine ont goûté

Le calice amer de la vie,

Loin de moi je l'ai rejeté;

Mais l'arrêt cruel est porté,

Il faut boire jusqu'à la lie!

Lorsque mes pas auront franchi

Les deux tiers de notre carrière,

Sous le poids d'une vie entière

Quand mes cheveux auront blanchi,

Je reviendrai du vieux Bissy

Visiter le toit solitaire

Où le ciel me garde un ami.

Dans quelque retraite profonde,

Sous les arbres par lui plantés,

Nous verrons couler comme l'onde

La fin de nos jours agités.

Là, sans crainte et sans espérance,

Sur notre orageuse existence,

Ramenés par le souvenir,

Jetant nos regards en arrière,

Nous mesurerons la carrière

Qu'il aura fallu parcourir.

Tel un pilote octogénaire,

Du haut d'un rocher solitaire,

Le soir, tranquillement assis,

Laisse au loin égarer sa vue

Et contemple encor l'étendue

Des mers qu'il sillonna jadis.

MÉDITATION VINGT-DEUXIÈME.

LA SEMAINE SAINTE.

A LA ROCHE-GUYON.

Ici viennent mourir les derniers bruits du monde ;
Nautoniers sans étoile, abordez ! c'est le port :
Ici l'ame se plonge en une paix profonde,
    Et cette paix n'est pas la mort.

Ici, jamais le ciel n'est orageux ni sombre ;
Un jour égal et pur y repose les yeux ;
C'est ce vivant soleil, dont le soleil est l'ombre,
    Qui le répand du haut des cieux.

Comme un homme éveillé long-temps avant l'aurore,
Jeunes, nous avons fui dans cet heureux séjour,
Notre rêve est fini, le vôtre dure encore ;
    Éveillez-vous ! voilà le jour.

Cœurs tendres, approchez! ici l'on aime encore;

Mais l'amour, épuré, s'allume sur l'autel.

Tout ce qu'il a d'humain, à ce feu s'évapore;

    Tout ce qui reste est immortel!

La prière qui veille en ces saintes demeures

De l'astre matinal nous annonce le cours;

Et, conduisant pour nous le char pieux des heures,

    Remplit et mesure nos jours.

L'airain religieux s'éveille avec l'aurore;

Il mêle notre hommage à la voix des zéphyrs,

Et les airs, ébranlés sous le marteau sonore,

    Prennent l'accent de nos soupirs.

Dans le creux du rocher, sous une voûte obscure,

S'élève un simple autel : roi du ciel, est-ce toi?

Oui, contraint par l'amour, le Dieu de la nature

    Y descend, visible à la foi.

Que ma raison se taise, et que mon cœur adore!
La croix à mes regards révèle un nouveau jour;
Aux pieds d'un Dieu mourant, puis-je douter encore?
    Non, l'amour m'explique l'amour!

Tous ces fronts prosternés, ce feu qui les embrase,
Ces parfums, ces soupirs, s'exhalant du saint lieu;
Ces élans enflammés, ces larmes de l'extase,
    Tout me répond que c'est un Dieu.

Favoris du Seigneur, souffrez qu'à votre exemple,
Ainsi qu'un mendiant aux portes d'un palais,
J'adore aussi de loin, sur le seuil de son temple,
    Le Dieu qui vous donne la paix.

Ah! laissez-moi mêler mon hymne à vos louanges!
Que mon encens souillé monte avec votre encens.
Jadis les fils de l'homme aux saints concerts des anges
    Ne mêloient-ils pas leurs accents?

Du nombre des vivants chaque aurore m'efface,
Je suis rempli de jours, de douleurs, de remords.
Sous le portique obscur venez marquer ma place,
  Ici, près du séjour des morts!

Souffrez qu'un étranger veille auprès de leur cendre;
Brûlant sur un cercueil comme ces saints flambeaux,
La mort m'a tout ravi, la mort doit tout me rendre;
  J'attends le réveil des tombeaux!

Ah! puissé-je près d'eux, au gré de mon envie,
À l'ombre de l'autel, et non loin de ce port,
Seul, achever ainsi les restes de ma vie
  Entre l'espérance et la mort!

~~~~~~

MÉDITATION VINGT-TROISIÈME.

LE CHRÉTIEN MOURANT.

Qu'entends-je? autour de moi l'airain sacré résonne!
Quelle foule pieuse en pleurant m'environne?
Pour qui ce chant funèbre et ce pâle flambeau?
O mort, est-ce ta voix qui frappe mon oreille
Pour la dernière fois? eh quoi! je me réveille
        Sur le bord du tombeau?

O toi! d'un feu divin précieuse étincelle,
De ce corps périssable habitante immortelle,
Dissipe ces terreurs : la mort vient t'affranchir!
Prends ton vol, ô mon ame! et dépouille tes chaînes.
Déposer le fardeau des misères humaines
        Est-ce donc là mourir?

Oui, le temps a cessé de mesurer mes heures.

Messagers rayonnants des célestes demeures,

Dans quels palais nouveaux allez-vous me ravir?

Déja, déja je nage en des flots de lumière,

L'espace devant moi s'agrandit, et la terre

Sous mes pieds semble fuir!

Mais qu'entends-je? au moment où mon ame s'éveille,

Des soupirs, des sanglots ont frappé mon oreille?

Compagnons de l'exil, quoi! vous pleurez ma mort?

Vous pleurez? et déja dans la coupe sacrée

J'ai bu l'oubli des maux, et mon ame enivrée

Entre au céleste port!

~~~~~~

MÉDITATION VINGT-QUATRIÈME.

DIEU.

A M. DE LA MENNAIS.

Oui, mon ame se plaît à secouer ses chaînes :
Déposant le fardeau des misères humaines,
Laissant errer mes sens dans ce monde des corps,
Au monde des esprits je monte sans efforts.
Là, foulant à mes pieds cet univers visible,
Je plane en liberté dans les champs du possible.
Mon ame est à l'étroit dans sa vaste prison :
Il me faut un séjour qui n'ait pas d'horizon;

Comme une goutte d'eau dans l'Océan versée,
L'infini dans son sein absorbe ma pensée;
Là, reine de l'espace et de l'éternité,

Elle ose mesurer le temps, l'immensité,
Aborder le néant, parcourir l'existence,
Et concevoir de Dieu l'inconcevable essence.
Mais sitôt que je veux peindre ce que je sens,
Toute parole expire en efforts impuissants;
Mon ame croit parler, ma langue embarrassée
Frappe l'air de vains sons, ombre de ma pensée.

Dieu fit pour les esprits deux langages divers :
En sons articulés l'un vole dans les airs;
Ce langage borné s'apprend parmi les hommes,
Il suffit aux besoins de l'exil où nous sommes,
Et suivant des mortels les destins inconstants,
Change avec les climats ou passe avec les temps.
L'autre, éternel, sublime, universel, immense,
Est le langage inné de toute intelligence;
Ce n'est point un son mort dans les airs répandu,
C'est un verbe vivant dans le cœur entendu;
On l'entend, on l'explique, on le parle avec l'ame;
Ce langage senti touche, illumine, enflamme;
De ce que l'ame éprouve, interprétes brûlants,
Il n'a que des soupirs, des ardeurs, des élans;
C'est la langue du ciel que parle la prière,

Et que le tendre amour comprend seul sur la terre.

Aux pures régions, où j'aime à m'envoler,

L'enthousiasme aussi vient me la révéler;

Lui seul est mon flambeau dans cette nuit profonde,

Et mieux que la raison il m'explique le monde.

Viens donc! il est mon guide, et je veux t'en servir.

À ses ailes de feu, viens, laisse-toi ravir.

Déja l'ombre du monde à nos regards s'efface,

Nous échappons au temps, nous franchissons l'espace,

Et dans l'ordre éternel de la réalité,

Nous voilà face à face avec la vérité!

Cet astre universel, sans déclin, sans aurore,

C'est Dieu, c'est ce grand tout, qui soi-même s'adore!

Il est; tout est en lui : l'immensité, les temps,

De son être infini sont les purs éléments;

L'espace est son séjour, l'éternité son âge;

Le jour est son regard, le monde est son image;

Tout l'univers subsiste à l'ombre de sa main;

L'être à flots éternels découlant de son sein,

Comme un fleuve nourri par cette source immense,

S'en échappe et revient finir où tout commence.

Sans bornes comme lui ses ouvrages parfaits
Bénissent en naissant la main qui les a faits !
Il peuple l'infini chaque fois qu'il respire ;
Pour lui, vouloir c'est faire, exister c'est produire !
Tirant tout de soi seul, rapportant tout à soi,
Sa volonté suprême est sa suprême loi !
Mais cette volonté, sans ombre et sans foiblesse,
Est à-la-fois puissance, ordre, équité, sagesse.
Sur tout ce qui peut être il l'exerce à son grè ;
Le néant jusqu'à lui s'élève par degré :
Intelligence, amour, force, beauté, jeunesse,
Sans s'épuiser jamais, il peut donner sans cesse,
Et comblant le néant de ses dons précieux,
Des derniers rangs de l'être il peut tirer des dieux !
Mais ces dieux de sa main, ces fils de sa puissance,
Mesurent d'eux à lui l'éternelle distance,
Tendant par leur nature à l'être qui les fit ;
Il est leur fin à tous, et lui seul se suffit !

Voilà, voilà le Dieu que tout esprit adore,
Qu'Abraham a servi, que rêvoit Pythagore,
Que Socrate annonçoit, qu'entrevoyoit Platon ;
Ce Dieu que l'univers révèle à la raison,

Que la justice attend, que l'infortune espère,
Et que le Christ enfin vint montrer à la terre!
Ce n'est plus là ce Dieu par l'homme fabriqué,
Ce Dieu par l'imposture à l'erreur expliqué,
Ce Dieu, défiguré par la main des faux prêtres,
Qu'adoroient en tremblant nos crédules ancêtres.
Il est seul, il est un, il est juste, il est bon;
La terre voit son œuvre, et le ciel sait son nom!

Heureux qui le connoît, plus heureux qui l'adore!
Qui, tandis que le monde ou l'outrage ou l'ignore,
Seul, aux rayons pieux des lampes de la nuit,
S'élève au sanctuaire où la foi l'introduit,
Et, consumé d'amour et de reconnoissance,
Brûle comme l'encens son ame en sa présence!
Mais pour monter à lui, notre esprit abattu
Doit emprunter d'en haut sa force et sa vertu.
Il faut voler au ciel sur des ailes de flamme;
Le desir et l'amour sont les ailes de l'ame.

Ah! que ne suis-je né dans l'âge où les humains,
Jeunes, à peine encore échappés de ses mains,
Près de Dieu par le temps, plus près par l'innocence,

Conversoient avec lui, marchoient en sa présence?

Que n'ai-je vu le monde à son premier soleil?

Que n'ai-je entendu l'homme à son premier réveil?

Tout lui parloit de toi, tu lui parlois toi-même;

L'univers respiroit ta majesté suprême;

La nature, sortant des mains du Créateur,

Étaloit en tous sens le nom de son auteur;

Ce nom, caché depuis sous la rouille des âges,

En traits plus éclatants brilloit sur tes ouvrages;

L'homme dans le passé ne remontoit qu'à toi;

Il invoquoit son père, et tu disois : C'est moi.

Long-temps comme un enfant ta voix daigna l'instruire,

Et par la main long-temps tu voulus le conduire.

Que de fois dans ta gloire à lui tu t'es montré,

Aux vallons de Sennar, aux chênes de Membré,

Dans le buisson d'Oreb, ou sur l'auguste cime

Où Moïse aux Hébreux dictoit sa loi sublime!

Ces enfants de Jacob, premiers nés des humains,

Reçurent quarante ans la manne de tes mains:

Tu frappois leur esprit par tes vivants oracles!

Tu parlois à leurs yeux par la voix des miracles!

Et lorsqu'ils t'oublioient, tes anges descendus

Rappeloient ta mémoire à leurs cœurs éperdus!

Mais enfin, comme un fleuve éloigné de sa source,

Ce souvenir si pur s'altéra dans sa course!

De cet astre vieilli la sombre nuit des temps

Éclipsa par degrés les rayons éclatants;

Tu cessas de parler; l'oubli, la main des âges,

Usèrent ce grand nom empreint dans tes ouvrages;

Les siècles en passant firent pâlir la foi,

L'homme plaça le doute entre le monde et toi.

Oui, ce monde, Seigneur, est vieilli pour ta gloire;

Il a perdu ton nom, ta trace et ta mémoire,

Et pour les retrouver il nous faut, dans son cours,

Remonter flots à flots le long fleuve des jours!

Nature! firmament! l'œil en vain vous contemple;

Hélas! sans voir le Dieu, l'homme admire le temple,

Il voit, il suit en vain, dans les déserts des cieux

De leurs mille soleils le cours mystérieux!

Il ne reconnoît plus la main qui les dirige!

Un prodige éternel cesse d'être un prodige!

Comme ils brilloient hier, ils brilleront demain!

Qui sait où commença leur glorieux chemin?

Qui sait si ce flambeau, qui luit et qui féconde,

Une première fois s'est levé sur le monde?
Nos pères n'ont point vu briller son premier tour,
Et les jours éternels n'ont point de premier jour!

Sur le monde moral, en vain ta providence,
Dans ces grands changements révèle ta présence!
C'est en vain qu'en tes jeux l'empire des humains
Passe d'un sceptre à l'autre, errant de mains en mains,
Nos yeux accoutumés à sa vicissitude
Se sont fait de la gloire une froide habitude;
Les siècles ont tant vu de ces grands coups du sort:
Le spectacle est usé, l'homme engourdi s'endort.

Réveille-nous, grand Dieu! parle et change le monde;
Fais entendre au néant ta parole féconde.
Il est temps! lève-toi! sors de ce long repos;
Tire un autre univers de cet autre chaos.
À nos yeux assoupis il faut d'autres spectacles!
À nos esprits flottants il faut d'autres miracles!
Change l'ordre des cieux qui ne nous parle plus!
Lance un nouveau soleil à nos yeux éperdus!
Détruis ce vieux palais, indigne de ta gloire;
Viens! montre-toi toi-même et force-nous de croire!

Mais peut-être, avant l'heure où dans les cieux déserts
Le soleil cessera d'éclairer l'univers,
De ce soleil moral la lumière éclipsée
Cessera par degrés d'éclairer la pensée;
Et le jour qui verra ce grand flambeau détruit
Plongera l'univers dans l'éternelle nuit.

Alors tu briseras ton inutile ouvrage!
Ses débris foudroyés rediront d'âge en âge :
Seul je suis! hors de moi rien ne peut subsister!
L'homme cessa de croire, il cessa d'exister!

MÉDITATION VINGT-CINQUIÈME.

L'AUTOMNE.

SALUT! bois couronnés d'un reste de verdure!
Feuillages jaunissants sur les gazons épars!
Salut, derniers beaux jours! le deuil de la nature
Convient à la douleur et plaît à mes regards!

Je suis d'un pas rêveur le sentier solitaire,
J'aime à revoir encor, pour la dernière fois,
Ce soleil pâlissant, dont la foible lumière
Perce à peine à mes pieds l'obscurité des bois!

Oui, dans ces jours d'automne où la nature expire,
A ses regards voilés je trouve plus d'attraits,
C'est l'adieu d'un ami, c'est le dernier sourire
Des lèvres que la mort va fermer pour jamais!

Ainsi prêt à quitter l'horizon de la vie,

Pleurant de mes longs jours l'espoir évanoui,

Je me retourne encore, et d'un regard d'envie

Je contemple ses biens dont je n'ai pas joui!

Terre, soleil, vallons, belle et douce nature,

Je vous dois une larme, aux bords de mon tombeau;

L'air est si parfumé! la lumière est si pure!

Aux regards d'un mourant le soleil est si beau!

Je voudrois maintenant vider jusqu'à la lie

Ce calice mêlé de nectar et de fiel!

Au fond de cette coupe où je buvois la vie,

Peut-être restoit-il une goutte de miel?

Peut-être l'avenir me gardoit-il encore

Un retour de bonheur dont l'espoir est perdu?

Peut-être dans la foule, une ame que j'ignore

Auroit compris mon ame et m'auroit répondu?...

La fleur tombe en livrant ses parfums au zéphire;

À la vie, au soleil, ce sont là ses adieux;

Moi, je meurs; et mon ame, au moment qu'elle expire,

S'exhale comme un son triste et mélodieux.

———

MÉDITATION VINGT-SIXIÈME

ET DERNIÈRE.

LA POÉSIE SACRÉE.

DITHYRAMBE

A M. EUGENE GENOUDE.

Son front est couronné de palmes et d'étoiles;
Son regard immortel que rien ne peut ternir,
Traversant tous les temps, soulevant tous les voiles,
Réveille le passé, plonge dans l'avenir!

M. Genoude, à qui ce dithyrambe est adressé, est le premier
qui ait fait passer dans la langue françoise la sublime poésie des
Hébreux. Jusqu'à présent nous ne connoissions que le sens des
livres de Job, d'Isaïe, de David; grace à lui, l'expression, la cou-
leur, le mouvement, l'énergie, vivent aujourd'hui dans notre
langue. Ce dithyrambe est un témoignage de la reconnoissance
de l'Auteur pour la manière nouvelle dont M. Genoude lui a fait
envisager la poésie sacrée.

Du monde sous ses yeux les fastes se déroulent,

Les siècles à ses pieds comme un torrent s'écoulent;

À son gré descendant ou remontant leur cours,

Elle sonne aux tombeaux l'heure, l'heure fatale,

    Ou sur sa lyre virginale

Chante au monde vieilli ce jour, père des jours!

    Écoutez! — Jéhova s'élance

    Du sein de son éternité.

Le chaos endormi s'éveille en sa présence,

Sa vertu le féconde, et sa toute-puissance

    Repose sur l'immensité!

Dieu dit, et le jour fut; Dieu dit, et les étoiles

De la nuit éternelle éclaircirent les voiles;

    Tous les éléments divers

    À sa voix se séparèrent;

Les eaux soudain s'écoulèrent

Dans le lit creusé des mers;

Les montagnes s'élevèrent,

Et les aquilons volèrent

Dans les libres champs des airs!

Sept fois de Jéhova la parole féconde

Se fit entendre au monde,

Et sept fois le néant à sa voix répondit;

Et Dieu dit : Faisons l'homme à ma vivante image.

Il dit, l'homme naquit; à ce dernier ouvrage

Le Verbe créateur s'arrête et s'applaudit!

Mais ce n'est plus un Dieu! — C'est l'homme qui soupire :

Éden a fui!... voilà le travail et la mort!

Dans les larmes sa voix expire;

La corde du bonheur se brise sur sa lyre,

Et Job en tire un son triste comme le sort.

———

Ah! périsse à jamais le jour qui m'a vu naître!
Ah! périsse à jamais la nuit qui m'a conçu!
    Et le sein qui m'a donné l'être,
    Et les genoux qui m'ont reçu!

Que du nombre des jours Dieu pour jamais l'efface;
Que, toujours obscurci des ombres du trépas,
Ce jour parmi les jours ne trouve plus sa place,
    Qu'il soit comme s'il n'étoit pas!

Maintenant dans l'oubli je dormirois encore,
    Et j'achéverois mon sommeil
Dans cette longue nuit qui n'aura point d'aurore,
Avec ces conquérants que la terre dévore,
Avec le fruit conçu qui meurt avant d'éclore
    Et qui n'a pas vu le soleil.

Mes jours déclinent comme l'ombre ;

Je voudrois les précipiter.

O mon Dieu ! retranchez le nombre

Des soleils que je dois compter !

L'aspect de ma longue infortune

Éloigne, repousse, importune

Mes frères lassés de mes maux ;

En vain je m'adresse à leur foule,

Leur pitié m'échappe et s'écoule

Comme l'onde au flanc des coteaux.

Ainsi qu'un nuage qui passe,

Mon printemps s'est évanoui ;

Mes yeux ne verront plus la trace

De tous ces biens dont j'ai joui.

Par le souffle de la colère,

Hélas ! arraché de la terre,

Je vais d'où l'on ne revient pas !

Mes vallons, ma propre demeure,

Et cet œil même qui me pleure,

Ne reverront jamais mes pas !

L'homme vit un jour sur la terre
Entre la mort et la douleur ;
Rassasié de sa misère,
Il tombe enfin comme la fleur ;
Il tombe ! Au moins par la rosée
La racine fertilisée
Peut-elle un moment refleurir !
Mais l'homme, hélas ! après la vie
C'est un lac dont l'eau s'est enfuie :
On le cherche, il vient de tarir.

Mes jours fondent comme la neige
Au souffle du courroux divin ;
Mon espérance, qu'il abrége,
S'enfuit comme l'eau de ma main ;
Ouvrez-moi mon dernier asile ;
Là, j'ai dans l'ombre un lit tranquille,
Lit préparé pour mes douleurs !
O tombeau ! vous êtes mon père !
Et je dis aux vers de la terre :
Vous êtes ma mère et mes sœurs !

Mais les jours heureux de l'impie
Ne s'éclipsent pas au matin;
Tranquille, il prolonge sa vie
Avec le sang de l'orphelin !
Il étend au loin ses racines;
Comme un troupeau sur les collines,
Sa famille couvre Ségor;
Puis dans un riche mausolée
Il est couché dans la vallée,
Et l'on diroit qu'il vit encor.

C'est le secret de Dieu, je me tais et j'adore!
C'est sa main qui traça les sentiers de l'aurore,
Qui pesa l'Océan, qui suspendit les cieux !
Pour lui, l'abyme est nu, l'enfer même est sans voiles!
Il a fondé la terre et semé les étoiles!
    Et qui suis-je à ses yeux?

Mais la harpe a frémi sous les doigts d'Isaïe;

De son sein bouillonnant la menace à longs flots

S'échappe; un Dieu l'appelle, il s'élance, il s'écrie :

Cieux et terre, écoutez! silence au fils d'Amos!

———————

Osias n'étoit plus : Dieu m'apparut : je vis

Adonaï vêtu de gloire et d'épouvante!

Les bords éblouissants de sa robe flottante

    Remplissoient le sacré parvis!

Des séraphins debout sur des marches d'ivoire

Se voiloient devant lui de six ailes de feux;

Volant de l'un à l'autre, ils se disoient entre eux :

Saint, saint, saint, le Seigneur, le Dieu le roi des Dieux!

    Toute la terre est pleine de sa gloire!

Du temple à ces accents la voûte s'ébranla,

Adonaï s'enfuit sous la nue enflammée :
Le saint lieu fut rempli de torrents de fumée.
    La terre sous mes pieds trembla !

Et moi ! je resterois dans un lâche silence !
Moi qui t'ai vu, Seigneur, je n'oserois parler !
    A ce peuple impur qui t'offense
    Je craindrois de te révéler !

Qui marchera pour nous ? dit le Dieu des armées.
Qui parlera pour moi ? dit Dieu : Qui ? moi, Seigneur !
    Touche mes lèvres enflammées;
    Me voilà ! je suis prêt !... malheur !

    Malheur à vous qui dès l'aurore
    Respirez les parfums du vin !
    Et que le soir retrouve encore
    Chancelants aux bords du festin !
    Malheur à vous qui par l'usure
    Étendez sans fin ni mesure

La borne immense de vos champs!

Voulez-vous donc, mortels avides,

Habiter dans vos champs arides,

Seuls, sur la terre des vivants?

Malheur à vous, race insensée!

Enfants d'un siècle audacieux,

Qui dites dans votre pensée

Nous sommes sages à nos yeux :

Vous changez la nuit en lumière

Et le jour en ombre grossière

Où se cachent vos voluptés!

Mais, comme un taureau dans la plaine,

Vous traînez après vous la chaîne

De vos longues iniquités!

Malheur à vous, filles de l'onde!

Iles de Sidon et de Tyr!

Tyrans! qui trafiquez du monde

Avec la pourpre et l'or d'Ophyr!

Malheur à vous! votre heure sonne!

En vain l'Océan vous couronne,

Malheur à toi, reine des eaux,

À toi, qui, sur des mers nouvelles,

Fais retentir comme des ailes

Les voiles de mille vaisseaux !

Ils sont enfin venus les jours de ma justice;

Ma colère, dit Dieu, se déborde sur vous !

Plus d'encens, plus de sacrifice

Qui puisse éteindre mon courroux !

Je livrerai ce peuple à la mort, au carnage :

Le fer moissonnera comme l'herbe sauvage

Ses bataillons entiers !

— Seigneur ! épargnez-nous ! Seigneur ! — Non, point de trêve,

Et je ferai sur lui ruisseler de mon glaive

Le sang de ses guerriers !

Ses torrents sécheront sous ma brûlante haleine

Ma main nivellera, comme une vaste plaine,

Ses murs et ses palais;

Le feu les brûlera comme il brûle le chaume.

Là, plus de nation, de ville, de royaume;

Le silence à jamais!

Ses murs se couvriront de ronces et d'épines;

L'hyéne et le serpent peupleront ses ruines;

Les hiboux, les vautours,

L'un l'autre s'appelant durant la nuit obscure,

Viendront à leurs petits porter la nourriture

Au sommet de ses tours!

———

Mais Dieu ferme à ces mots les lèvres d'Isaïe :

Le sombre Ézéchiel,

Sur le tronc desséché de l'ingrat Israël,

Fait descendre à son tour la parole de vie!

———

L'Éternel emporta mon esprit au désert :
D'ossements desséchés le sol étoit couvert ;
J'approche en frissonnant ; mais Jéhova me crie :
Si je parle à ces os, reprendront-ils la vie ?
— Éternel, tu le sais ! — Eh bien ! dit le Seigneur,
Écoute mes accents ! retiens-les et dis-leur :
Ossements desséchés ! insensible poussière !
Levez-vous ! recevez l'esprit et la lumière !
Que vos membres épars s'assemblent à ma voix !
Que l'esprit vous anime une seconde fois !
Qu'entre vos os flétris vos muscles se replacent !
Que votre sang circule et vos nerfs s'entrelacent !
Levez-vous et vivez, et voyez qui je suis !
J'écoutai le Seigneur, j'obéis et je dis :
Esprit, soufflez sur eux, du couchant, de l'aurore ;
Soufflez de l'aquilon, soufflez !... pressés d'éclore
Ces restes du tombeau, réveillés par mes cris,
Entrechoquent soudain leurs ossements flétris ;
Aux clartés du soleil leur paupière se rouvre,
Leurs os sont rassemblés et la chair les recouvre !
Et ce champ de la mort tout entier se leva,
Redevint un grand peuple, et connut Jéhova !

———

Mais Dieu de ses enfants a perdu la mémoire ;
La fille de Sion méditant ses malheurs,
S'assied en soupirant, et, veuve de sa gloire,
Écoute Jérémie et retrouve des pleurs.

———

Le Seigneur, m'accablant du poids de sa colère,
Retire tour-à-tour et ramène sa main ;
    Vous qui passez par le chemin,
Est-il une misère égale à ma misère ?

En vain ma voix s'élève, il n'entend plus ma voix ;
Il m'a choisi pour but de ses flèches de flamme,
    Et tout le jour contre mon ame
Sa fureur a lancé les fils de son carquois !

Sur mes os consumés ma peau s'est desséchée;

Les enfants m'ont chanté dans leurs dérisions;

    Seul, au milieu des nations,

Le Seigneur m'a jeté comme une herbe arrachée.

Il s'est enveloppé de son divin courroux;

Il a fermé ma route, il a troublé ma voie;

    Mon sein n'a plus connu la joie,

Et j'ai dit au Seigneur : Seigneur, souvenez-vous,

Souvenez-vous, Seigneur, de ces jours de colère;

Souvenez-vous du fiel dont vous m'avez nourri;

    Non, votre amour n'est point tari :

Vous me frappez, Seigneur, et c'est pourquoi j'espère.

Je repasse en pleurant ces misérables jours;

J'ai connu le Seigneur dès ma plus tendre aurore:

    Quand il punit, il aime encore;

Il ne s'est pas, mon ame, éloigné pour toujours.

Heureux qui le connoît! heureux qui dès l'enfance
Porta le joug d'un Dieu, clément dans sa rigueur!
   Il croit au salut du Seigneur,
S'assied au bord du fleuve, et l'attend en silence!

Il sent peser sur lui ce joug de votre amour;
Il répand dans la nuit ses pleurs et sa prière,
   Et la bouche dans la poussière,
Il invoque, il espère, il attend votre jour.

———

   Silence, ô lyre! et vous silence,
   Prophètes, voix de l'avenir!
   Tout l'univers se tait d'avance
   Devant celui qui doit venir!
   Fermez-vous, lèvres inspirées;
   Reposez-vous, harpes sacrées,
   Jusqu'au jour où sur les hauts lieux

Une voix, au monde inconnue,

Fera retentir dans la nue :

Paix à la terre, et gloire aux cieux!

FIN.

TABLE.

FIN DE LA TABLE.

ERRATA.

Dans la Méditation sixième sur le Désespoir, avant la strophe commençant par *Tel que des dieux*, etc., placez la strophe suivante :

Si du moins au hasard il décimoit les hommes,
Ou si sa main tomboit sur tous tant que nous sommes
    Avec d'égales lois ?
Mais les siècles ont vu les ames magnanimes,
La beauté, le génie ou les vertus sublimes
    Victimes de son choix.

Dans la même, *le temps qui ronge tout*, lisez *le temps qui flétrit tout*.

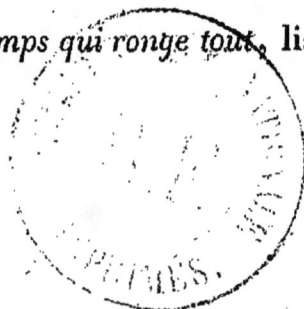

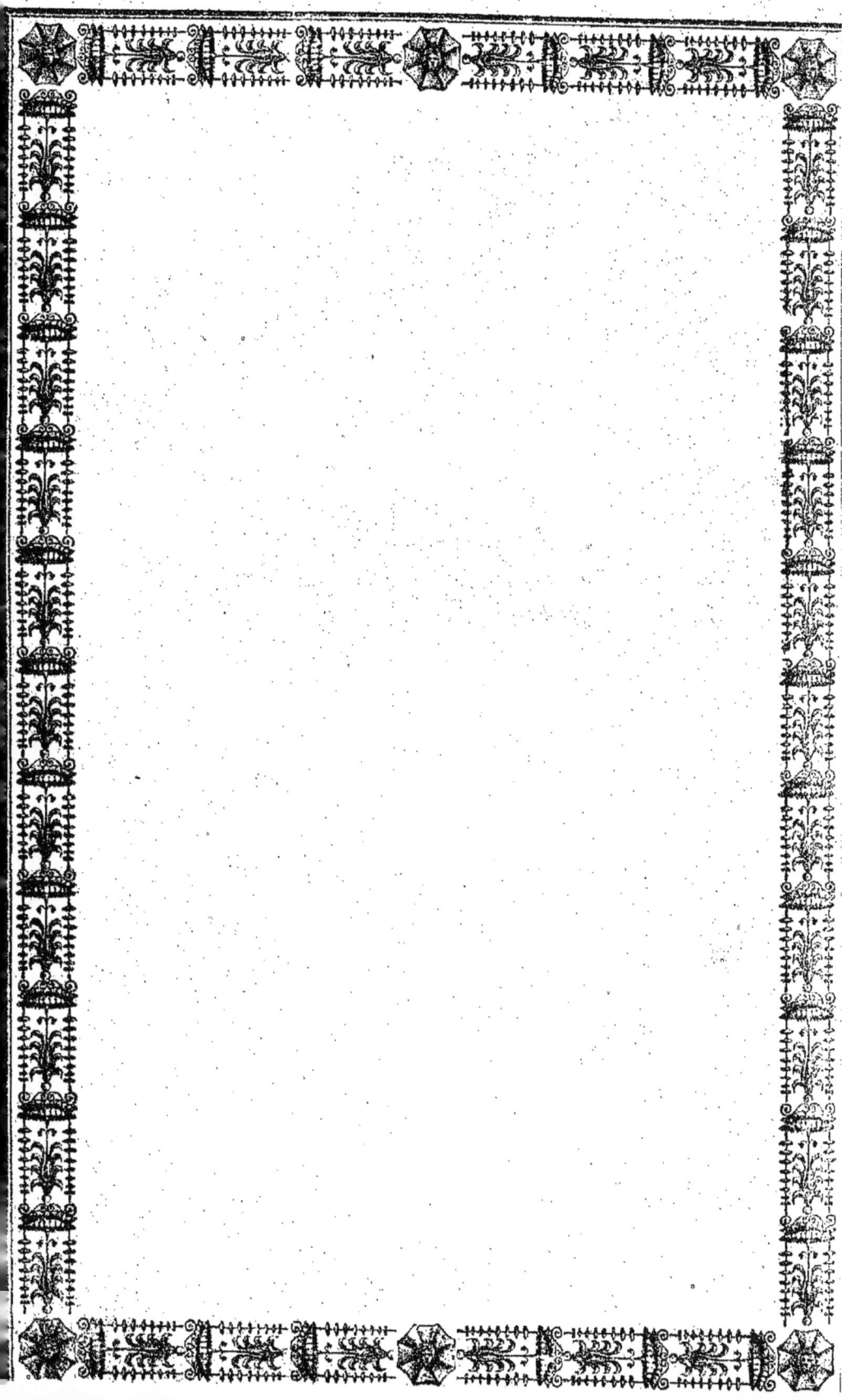

www.ingramcontent.com/pod-product-compliance
Lightning Source LLC
Chambersburg PA
CBHW052101090426
42739CB00010B/2268